독서
사락

읽고 들으며 말하고 쓰다

독서
사락

임석재 지음

이담
Books

쓰고 싶다. 쓰고 싶다. 문득 글을 쓰고 싶었다. 소설이 되었건, 수필이 되었건, 타인들이 전혀 관심 갖지 않는 잡문(雜文)이 되었건, 그저 제법 긴 내 글을 쓰고 싶었다. 결과물을 생각해보지는 않았다. 글을 통해 베스트셀러 작가가 되려는 마음도, 사회적 명망을 얻으려는 마음도 전혀 없다. 그것은 지금 내 글의 수준, 그리고 내 스스로의 잠재력이 아직은 많이 부족함을 너무도 잘 알고 있기 때문이다. 그저 무엇인가를 생각하고 그것을 준비하여 실행으로 옮겨 마침내 '쓰고 있다'는 행위 그 자체에 만족하고자 하는 것이다.

반대로 이런저런 이유로 쓰기를 망설이는 모습은 싫다. 책을 읽다 보면 문득 이런 생각이 들 때가 있다. '지금 읽고 있는 책 정도는 어쩌면 나도 무난히 쓸 수 있지 않을까' 하는 생각. 그런 생각이 정도가 심해져 책을 읽는 행위 그 자체를 방해할 정도가 되면 그때는 별다른 방법이 없다. 그냥 한번 써 보는 거다. 이건 어쩌면 열병이다. 아니 '어쩌면' 수준이 아닌 '확실한' 상사병이다. 그나마 다행인 것은 일반적으로 긍정적 측면이 매우 많긴 하지만 이 또한 냉정히 생각해 보면 무엇인가를 지나치게 그리워하는 상사병의 일종이지 않을까 한다.

책으로 대표되는 활자로 된 무엇인가를 손에서 놓지 못한다는 것은 그만큼 생활의 폭이 좁아지고 있다는 의미일 수 있고, 이는 일상적인 삶의 범위 또는 직접적 경험의 정도가 매우 부족할 수 있다는 의미이기도 하다. 극단적으로 술을 마시며 유흥에 빠져 흥청망청 시간을 보내는 것보다는 훨씬 좋지 않겠냐고 말할 수도 있지만, 어쩌면 그 또한 개인의 가치 판단에 따라 다를 수 있다. '책'과 '술'이라는 단어 그 자체는 절대적 가치를 내포하지 않기 때문이다. 그것을 통한 정신적 또는 육체적 만족과 삶의 균형이라는 관점에서 종합적 이해가 필요할 뿐이다. 나는 '독서' 아닌 '활자로 된 그 무엇인가를 지속적으로 읽어야 한다'는 생각이 가득한 삶을 살았고, 살고 있고, 살려 한다. 그런 까닭에 기끔은 일차적 독서에 만족하지 못하고 그것의 주인공이 되어보고자 한다.

내가 그동안 접한 수십만 자의 활자들이 내 머릿속을 가득 채우고, 내 서재를 가득 메운 수천 권 책들의 든든한 응원을 믿어 보려한다. 그런 마음으로 글을 시작한다. 재차 강조하지만 그것은 사회적으로 의미를 지니는 그 무엇도 아닐 것이다. 그저 내가 쓰고 싶고, 하고 싶은 이야기를 글이라는 수단을 통해 한 자 한 자 이곳에 옮길뿐이다. 지금 이 순간에도 정해진 것은 아무것도 없다. 내 머릿속의 이런저런 생각을 그냥 써 볼 것이다. 지극히 개인적인 의견과 주장을 옮겨 볼 책이라 여기에 많은 시간을 쓸 여건이 되지는 않는다. 그런 까닭에 한 달이라는 짧은 시간을 생각하고 그것을 집중해 실천에 옮겨 본다. 책을 쓰기로 생각했던 날로부터 딱 한 달의 시간이 지나면 내가 생각했던 책을 마무리할 것이다. 그 날 이후 다시 내 앞에 주어진 일들에 우선순위를 부여하고 또다시 하나하나 진행해 갈 것이다.

그리고 일정시간이 지나 또다시 무엇인가를 쓰고 싶다는 생각이 나를 몹시 괴롭히는 어느 날, 글을 쓰게 될 것이다. 그렇게 4번째 책을 쓰게 된다면 그때는 소설을 한번 써보고 싶다. 막연하게 미래의 언젠가 소설을 쓰고 싶을 것 같다. 미래의 어느 날…… 그때는…… 이런 생각들이 머릿속에 가득하지만 일단은 그저 그냥 글쓰기를 시작해 본다. 한 가지는 약속한다. 4번째 글쓰기의 첫 문장은 '바람이 차다'로 할 것임을.

모처럼 맞이하는 새벽, 글을 쓰다
임석재

차
례

왜 '읽기, 듣기, 말하기, 쓰기'인가?

어느덧 직장생활 10년 차가 되어 간다. 요즘 입사하는 후배들과 비교해 보면 비교적 이른 나이에 직장생활을 시작했다. 그리고 그 과정에서 많은 사람들을 만났다. 업무적으로 만나게 된 사람도 있고, 그렇지 않은 사람도 있다. 아무래도 일정한 형식과 내용을 갖추고 상대방을 대하게 되는 업무적 만남보다는 조금은 자유롭고, 편안한 마음을 가지게 되는 업무 외적인 만남이 내 삶에 조금의 여유를 준다.

그런데 요즘 들어 업무 외적인 만남이 조금은 더 부담스럽고, 더 조심스럽다. 그것은 내가 만나는 사람들의 범주와 관련이 있다. 대학과 관련된 일을 하는 직업적 특성 때문이기도 하고, 아니면 이제 내 나이가 30대 중반, 직장생활 10년 차로 향해 가고 있기 때문이기도 하다. 요즘의 업무 외적 만남을 크게 분류하면 대학생, 취업준비생, 사회초년생, 직장생활 3년 차 미만 정도라 할 수 있다. 중·고등학생 이하는 그들이 너무 바쁘기도 하지만, 내 삶의 영역과 교차점을 찾기가 현실적으로 매우 어려운 것도 사실이다. 그리고 직장생활 3년 차 이상은 업무적, 인간적으로 조직에 적응을 마친 상태라 그저 동료로서의 성격이 더 강하고 10년 차 이상은 인생선배 범주에 포함시키는 것이 한결 자연스러울 것이다.

나에게 만남을 통해 고민을 이야기하고 무엇인가 작은 해답이라도 듣고 싶어 하는 이들은 대부분 위에서 언급한 네가지 범주에 포함되는 사람들이다. 그런데 최근 들어 이들과의 만남에서 내 느낌은 그들이 전반적으로 잔뜩 움츠려 있거나, 아니면 다소 들떠 있다는 점이다. 무엇인가 망설이거나 아니면 너무 앞서간다는 느낌이기도 하다. 나도 그 당시에는 그랬었나 잠시 생각해보기도 하지만 그래도 그 정도는 아니었는데 하는 생각이 더 강하다.

그래서 더 아쉽고 더 미안하고 더 안타까운 마음이 가득하다. 무슨 고민이 그렇게 많은지, 그리고 무엇을 그리도 하려 하는지, 내가 보기에는 이미 열심히 살아가고 있는데 왜 그렇게도 안 되는 것인지. 조금이라도 도움이 되고 싶어 만남이 있을 때마다 그들이 고민을 이야기하면 무엇 하나라도 더 이야기해주고 싶다. 물론 지극히 주관적인 판단과 개인적 경험일 수 있지만 그래도 백 가지 중에 한 가지라도 도움이 된다면 그리고 나에게 무엇인가 기대하고 있다면 그들에게 조금이라도 도움이 되고 싶다.

그러한 마음을 글로 정리해 보기로 마음먹었다. 그리고 생각해 본다. 무슨 내용을 쓸까, 그리고 왜 그것을 써야만 할까, 그것은 어떤 도움이 될 수 있을까. 지금 무엇인가를 반드시 써야만 하는 엄청난 고민 혹은 정말 간절한 부탁이 있는가. 그랬다면 글쓰기의 시작은 한결 수월했을 것이다. 그런데 막상 생각해 보니 또 그렇지도 않다. 그래서 그냥 내가 쓰고 싶은 이야기, 그리고 평상시에 말해주고 싶었던 내용이 무엇일까 생각해 본다. 오래지 않아 내린 결론은 '책'이다. 책을 통해 알게 된 그 무엇인가를 한번 정리해 보기로 했다. 그것이 조금이라도 도움이 되었으면 하는 마음으로 써 본다. 책과 관련된 것이라면 가능하지 않을까 생각했다. 내가 자주 하는 이야기도 책에 대한 이야기가 대부분이니 이번 기회에 책과 관련된 이야기를 정리해보려 한다.

나의 경우 책 또는 무엇인가를 읽는다는 행위를 기준(학창시절의 교과서 또는 이런저런 참고서를 접한 것을 제외하고라도)으로 매일 아침 꾸준히 신문을 읽은 지, 사실 그저 '꾸준히'라고 하기에는 다소 많은 분량을 20년 이상 계속 읽어 왔다. 생각해보니 그간 구독한 신문의 종류도 만만치 않다. 조선, 중앙, 동아, 한겨레, 경향 등 중앙지와 매경, 한경 등의 경제지, 군복무 시절 접한 국방일보 거기에 영어공부를 해 보겠다고 구독하게 된 영자신문까지 더하면 종류를 가리지 않고 신문이란 신문은 죄다 본 듯하다. 정말 열심히 볼 때는 신문 배달시간에 맞춰 새벽에 일어났던 기억도 있고, 때론 비에 젖은 신문을 어머니가 다리미로 빳빳하게 말려 주었던 기억도 있다. 여기에 각 언론사에서 발행하는 시사 주간지, 월간지, 그리고 좋은생각, 샘터 등으로 대표되는 가벼운 수필집도 '꾸준히' 읽었다. 그리고 단행본 또한 '열심히'라고 하기에는 다소 과하게 접한 지 20년이 더 되었다.

내가 좋아하는 독서 방식은 이것저것 가리지 않고 그냥 읽는 것이다. 경제, 사회, 과학, 종교, 개인사 등 분야를 가리지 않고 그냥 눈에 띄는 제목이 좋은 책을 읽는다. 이런 시간들이 쌓이다 보니 이제 내 안에 가득한 활자들의 교훈과 가르침을 타인들에게 전하려 한다. 그동안 일간지와 시사주간지 등에 다양한 주제로 100여 건 이상 독자의견을 썼다. 때로는 정도가 심해져 영자신문에도 매우 부족한 영어로 투고도 하였다. 좋은생각 등에 수필을 써 보내기도 하고, 기업의 신상품 브랜드 네이밍 공모전, 정당의 국가혁신제안공모 등에도 자유롭게 생각하고 더 자유로운 마음으로 응모해 수상했던 추억이 있다.

무엇인가 도움이 되는 글을 써야 한다는 생각이 든 지금 막상 생각해보니 글이라는 수단을 통해 할 수 있는 대부분의 것은 다 해본 것 같다. 그래서 또 생각해 본다. 그럼 내게도 그리고 대학생, 취업준비생, 사회초년생, 직장생활 3년 차 미만에게 정말 필요했고, 필요하고, 그리고 앞으로 정말 절실하게 필요한 것이 무엇일까. 내 짧은 대답은 '읽기·듣기·말하기·쓰기'라는 아주 기초적이고 상식적인 네 가지였다. 이 네 가지만 일정수준 이상 할 수 있다면 어느 분야에서건 평균 이상의 사람은 될 수 있다. 당연하지 않겠는가. 지금 이 시간에도 평균적인 사람들이 일반적인 상황에서 읽기·듣기·말하기·쓰기를 하고 있으니. 그런데 일반적인 상황에서는 내공이 드러나지 않는 법이다. 특정한 또는 매우 곤혹스럽다고 생각되는 상황을 가정해 보자. 그럼 위의 네 가지가 너무나 절실해진다. 읽기 하나만 잘해도, 듣기 하나만 잘해도, 말하기 하나만 잘해도, 쓰기 하나만 잘해도 어느 분야에서 평균 이상은 성공할 수 있다. 왜냐면 내 길지 않은 직장생활 속에서도 어느 하나를 정말 유창하게 잘하는 사람을, 그리고 두 가지 이상을 평균 이상으로 잘하는 사람을, 마지막으로 세 가지 이상을 그럭저럭 잘하는 사람을 그다지 많이 만나지 못했다. 그렇기에 둘 이상을 잘한다면 얼마나 좋을까. 그리고 네 가지를 모두 평균 이상 잘할 수 있다면 얼마나 좋을까 생각해 본다.

이 글을 쓰고 있는 나 역시 읽기·듣기·말하기·쓰기를 능수능란, 유창하게 구사하거나, 각 분야에서 전문가로 인정할 만한 자격증이 있지는 않다. 그래도 써 보려 한다. 도움이 되고자 하는 마음으로 한 자 한 자 써가면서 동시에 나 또한 배워보려 한다. 내가 접한 다양한 책 속 전문가들이 소개한 읽기, 듣기, 말하기, 쓰기의 방법들을 정리할 것이다. 거기에 내 개인적 생각과 경험을 보태고자 한다. 그럼 어느 정도 균형이 맞을 것이다.

마지막으로 읽기, 듣기, 말하기, 쓰기 이 네 가지를 어떤 순서로 소개할까 며칠을 고민했다. 읽기보다 말하기, 쓰기가 더 중요한가? 아니면 말하기보다 읽기, 듣기가 더 중요한가? 등의 순서 정하기가 그것이다. 그런데 그냥 단순하게 생각하기로 했다. 읽기와 듣기는 말하기, 쓰기와 비교하여 상대적으로 수동적인 행위이다. 특히나 읽기는 다른 것들에 비해 여러 가지 제약이 덜한 아주 기본적인 행위라 생각했다. 그래서 처음으로 읽기를 소개하고, 그다음은 듣기로 했다. 말하기와 쓰기의 순서는 일단 읽기와 듣기보다는 적극적인 행위이지만 둘 중에서는 말하는 것을 글로 쓰는 것이 글로 쓴 것을 말하는 것보다 어렵다는 개인적 경험을 통해 순서를 정했다. 물론 이는 개인의 성향에 따라 얼마든지 순서를 달리 생각할 수도 있을 것이다.

그리고 대학생, 취업준비생, 사회초년생, 직장생활 3년 차 미만에게 구체적으로 어떤 이야기가 도움이 될까 며칠을 고민했다. 물론 네 가지 모두 잘하면 좋다. 그러나 이는 현실적으로 불가능하기에 한 가지씩만 강조해본다. 먼저 사회에 첫 발을 내딛는 대학생은 풍부한 지식의 축적을 위한 읽기가 필요하고, 이후 취업준비생이 되면 상대방의 입장에 대한 이해를 위한 듣기가 필요할 것이라 생각했다. 또한 사회초년생의 경우 주도적 태도 및 문제해결을 위한 말하기가 중요하며, 마지막으로 직장생활 3년 차 미만은 명료하고 간결한 쓰기를 통해 자신의 가치를 한층 높일 수 있을 것이라 생각했다.

쓰다 보니 길어졌다. 그저 편안한 마음에 읽어주길 바랄 뿐이다. 그러다 마음에 들지 않으면 과감히 중단하고 더 좋은 책을 선택하여 읽길 바란다. 다만, 책을 통해 고민과 좌절로 작은 해답이라도 찾고자 하는 이들에게 조금이라도 도움이 되고자 하는 마음은 간절했음을 기억해 주었으면 한다.

읽기

1

왜 '읽기'가 필요한가?
읽기란 무엇인가?
어떻게 읽을까?

왜 '읽기'가 필요한가?

(이제 막 대학생활을 시작한 L에게)

2014년 교육부에서 발표한 자료에 따르면 한 해 대학생 입학 정원은 약 55만 명이라고 한다. 생각보다 많은 것 같기도 하고 생각보다 작은 것 같기도 하다. 그런데 이제 막 고등학교를 졸업한 학생들이 대학생이 되면 무엇부터 해야 할까.

물론 하고 싶은 것들이야 이루 말할 수 없을 것이다. 초·중·고 과정을 거치며 죽도록 공부만 계속했을 것이니 푹 쉬었으면 하는 마음이 들기도 한다. 그리고 그렇게 위로해주고 싶기도 하다. 그런데 대학생이라는 이름이 생각보다 만만치 않다. 대학생이 되었다고 세상이 끝나는 것이 아니기 때문이다. 대학생이라는 것이 신성한 인생의 결승점이자 궁극적 목표는 아니기 때문이다.

그저 이름이 달라졌다고 생각하면 어떨까. 그렇기에 달라진 이름에 맞는 무엇인가를 찾아야 한다. 대학생 하면 흔히 지성인이 막 되어가는 시작 단계라 할 수 있다. '지성인'이라는 것이 사전적 정의가 있겠지만 그보다는 지식을 아는 사람, 지식을 알아가는 사람, 지식을 이루어가는 사람 정도라 생각하기로 하자. 그렇다면 대학생이 해야 할 일은 지식을 찾아보는 것이다. 그것만 충분히 해두면 대학생이 할 일의 절반은 한 것이다.

그럼 지성인이 되기 위한 지식 찾기는 어떻게 하면 될까. 무작정 찾으면 될까. 아니면 지식이 몰려다니는 길을 떡하니 막고 있다가 덥석 움켜잡기만 하면 될까. 그도 아니면 지식이 풍부한 친구에게 남는 지식을 좀 나누어 달라고 하면 될까. 그도 아니면 지난 학창시절처럼 학교 선생님, 부모님께 방법을 좀 알려 달라고 하면 될까. 이래저래 생각해보지만 대학생이라는 이름으로는 좀 구차하고 부끄러운 방법이라 생각된다.

그렇다면 지식을 어떻게 만들어 가고 이루어갈까. 무엇이라도 있어야 무엇인가 있다. 이런 예를 한번 들어보자. 지금 공원에서 보물찾기를 한다면 그 전제는 숨겨진 보물이 있어야 한다. 그래야 찾을 보물도 있는 것이다. 보물찾기를 하기로 약속했는데 숨겨진 보물이 없다면 보물찾기 자체가 성립되지 않는 것이다.

또 이런 경우는 어떤가. 눈앞에 화려하게 포장된 상자가 하나 있다. 누군가 당신에게 상자 안에 들어 있는 것을 하나 준다고 하면 당신은 상자 속에 손을 넣고 그것을 꺼내기 위해 손을 휘휘 저어볼 것이다. 무엇인가 하나라도 움켜잡기 위해. 그런데 이 또한 아무것도 들어 있지 않은 상자임을 알게 된다면 당신은 어떤 기분일까. 마치 사악한 이에게 기분 나쁜 사기라도 당한 느낌일 것이다. 화려한 포장의 상자를 본 순간 그 속에도 역시나 화려한 그 무엇이 있을 것이라고 생각하는 것이 사람의 당연한 마음이지 않겠는가. 그래서 무의식중에 그것을 가지기 위해 무엇인가 잔뜩 기대한 것이다. 그런데 그것이 빈 상자라면 무엇을 기대하고 손에 움켜쥐려 한 당신의 행동은 어쩌면 바보같이 보일 것이다. 타인에게도 그리고 당신 스스로에게도. 너무나 당연하지 않은가. 아무것도 없는 상자에서 아무리 잡으려 손을 움켜쥐어 보아도 결과는 예측 가능하다.

지식이라는 것도 이와 마찬가지다. 필요할 때 무엇인가에 쓰고자 한다면 차곡차곡 준비해 두어야 한다. 그 준비의 시작은 정보의 축적이다. 그렇다면 정보는 어떻게 얻을 수 있을까. 일차적으로 생각해 볼 수 있는 방법은 많이 보고, 많이 듣고, 많이 만지는 등 많이 경험해 보는 것이다. 즉, 인간이 가진 오감을 활용하여 최대한의 범위에서 직접적 경험을 쌓아가는 것이다. 그런 경험을 바탕으로 하나의 상(지식)을 만들어가는 것이다. 그런데 이게 생각만큼 간단치 않다. 먼저 이러한 직접적 경험은 많은 시간적 제약과 한계가 있다. 내 몸은 하나인데 여러 가지를 경험하기 위해서 많은 시간을 투자할 수 없다는 것이다. 또한 대부분의 경우 경제적으로도 많은 한계가 있다.

이런 경우를 생각해보자. 미국의 대통령에 대한 정보가 필요하다면 어떻게 해야 할까. 가장 좋은 방법은 지금 당장 미국행 비행기 표를 구해서 대통령을 만나고 오는 것이다. 대통령과의 대화를 통해 궁금했던 것들에 대한 충분한 정보를 구하는 것이다. 그러니 답은 간단하다. 미국의 대통령에 대한 정보가 궁금하면 직접 가서 만나 그에게 물어보면 되는 것이다. 내가 필요한 모든 정보를 확인할 수 있다. 그리고 그 정보를 내 것으로 만들어 활용하면 된다. 그런데 문제는 많은 시간이 소요된다는 점, 경제적으로 만만치 않은 비용이 필요하다는 점이다. 또한 영어가 유창하지 않은 경우라면 의사소통에도 문제가 있을 수 있다. 무엇보다 가장 큰 문제는 미국의 대통령이 당신을 만나줄 가능성이 극히 희박하다는 것이다.

그럼 현실적으로 어떤 방법으로 미국의 대통령에 대한 정보를 얻을 수 있을까. 이번에는 미국에 가지 않는 방법을 생각해 본다. 이 또한 다양한 방법이 있다. 먼저 미국에서 살다온 친구에게 정보를 구하는 방법, 아니면 관련분야를 전공한 대학교수에게 자문을 구하는 방법, 그도 아니면 한국에 관광을 온 미국인에게 물어보는 방법 등 생각보다 다양한 방법이 있을 수 있다. 그런데 이러한 방법들 또한 미국에 직접 가는 것과 비교하면 그래도 괜찮은 방법이라 할 수 있지만 역시나 시간적, 경제적으로 만만치 않다. 미국에서 살다온 친구가 어디 그리 흔한가. 관련분야 전공교수가 내가 편한 시간에 쉽사리 만나줄 그 어떤 이유라도 있는가. 그리고 인천공항 입국장에 간들 미국인이 나에게 관련 정보를 정확하게 줄 것인가에 대한 고민 등이 그것이다. 미국인이라고 미국 대통령에 대한 정보를 잘 알고 있다는 가정은 논리적으로도 타당하지 않다. 우리나라 대통령에 대해서 미국 하버드 대학의 교수가 대한민국 국민보다 훨씬 많이 알고 있는 경우도 있으니 말이다.

그런 까닭에 위에서 언급한 이런저런 방법들을 생각해 보면 결론은 그래도 책이다. 책읽기를 통한 정보 습득이라는 것이다. 독서를 통해 관련분야의 정보를 습득하고 이를 축적해 가는 것이 가장 현실적인 방법이라는 것이다. 책은 시간적 제약에서 자유롭다. 내가 스스로 통제할 수 있다. 그리고 경제적으로도 비교적 저렴하다. 대부분의 경우 만 원에서 이만 원 정도면 한 권의 책을 구매할 수 있다. 관련분야 최고 석학에서부터 그저 호기심 가득한 일반인까지 저자의 수준도 매우 다양하기에 내가 필요한 정보의 수준에 맞게 선택 가능하다.

그리고 정보에 대한 비교도 용이하다. 또한 그것을 설명하고 전하는 방법도 다양하다. 논문 형태로, 수필 형태로, 소설 형태로 전하기도 하고, 그림을 사용하기도 하고, 다양한 통계 자료를 사용하기도 한다. 책읽기가 중요한 것도 이 때문이다. 책은 이렇게 다양하다. 그런 까닭에 그 속의 정보도 매우 풍부하고 다양한 것이다. 책의 내용도, 전달 방식도, 저자도 너무나 다양하다. 그런 까닭에 책 속에 담긴 정보를 축적하여야 한다. 그래서 그것을 자신의 지식으로 만들 수 있어야 한다. 그리고 필요할 때 활용할 수 있어야 한다.

단순한 정보가 지식이 되고, 그것이 축적되어 자신만의 가치로 전환될 때 지혜가 된다. 그러니 그 시작은 많이 읽어야 한다. 일반적으로 책을 읽으라고 하지만 사실 범위를 좀 넓혀보면 무엇이 되었건 일단 많이 읽어서 그것을 정보화하여야 한다. 그것이 시작이다. 쌓인 것이 없으면 내놓을 것도 없다. 내놓을 것, 즉 보여줄 것이 없다는 것은 이룬 것이 없다는 것이다. 그리고 앞으로도 이룰 수 없다는 것이다.

전북 진안의 마이산에 있는 절에 가면 돌탑이 가득하다. 신비하기도 하고 영험하기도 하다. 누구라도 그것을 보면 어떻게 저렇게 쌓았을까 신기해 하지만 생각해보면 그 시작도 아주 작은 돌덩이 하나였을 것이다. 하나로 시작했지만 그것이 쌓이고 쌓여 하나의 탑이 되고, 하나의 탑이 더 추가되어 돌탑 군락이 형성된 것이다. 쌓여야 한다. 그래야 무엇이건 이루어진다. 트위터 친구가 1,400만이라는 프란치스코 교황도 말하지 않았는가. 디지털 기술도 좋지만 무엇인가 더 중요한 것을 잊고 있지 않은지 고민해 보라고. 트위터 잘한다고 정보가 쌓이고 지식이 축적되는 것이 아니다. 그것은 단지 사회적 관계망을 형성하는 것일 뿐이다. 타인과의 관계를 형성해 가는 것이 정보의 축적을 의미하지는 않는다.

더 중요한 것은 정보에서 지식으로, 지식에서 지혜로, 지혜에서 철학적 사유까지 상승할 수 있는 사고의 전환을 이끌어 낼 내적 역량이 필요한 것이다. 그리고 이 역량은 꾸준한 책읽기를 통해서 길러진다. 읽기를 지속적으로 반복한다는 것은 사고의 흐름을 쫓아가는 연습을 계속해 가는 것이고 이는 논리적 인과관계를 보다 쉽게 찾아가는 과정을 실천하는 것이다. 우리가 궁극적으로 추구하고자 하는 철학적 사고라는 것도 논리적 인과관계 찾기이다. 세상만사 이치의 선-후 관계를 파악하고자 하는 것이다.

중요한 것을 보는 노력을 소홀히 하거나 게을리해서는 안 된다. 읽기를 통한 정보의 축적, 논리적 인과관계 찾기, 사고의 흐름에 대한 이해를 위한 연습과정이 전제되지 않는다면 올바른 지성인이라 할 수 없다. 생각해보면 대학생이라는 이름에는 여전히 '학생'이라는 단어가 들어가 있다. 다만, 이제 더 이상 커질 수 없는 가장 큰 학생이라는 점에 대한 인식이 필요하다.

요즘 많이 힘들고 지쳐 있다는 것을 잘 알고 있다. 2013년 OECD 보고서에 따르면 한국은 세계 대학 등록금 순위에서 미국 다음으로 높은 나라라고 한다. 그러니 대학생들이 어떻게 힘들고 지치지 않을 수 있겠는가. 일 년에 거의 천만 원이 넘는 돈을 학비로 쓰고, 거기에 개인적으로 필요한 경비까지 더하면 힘들고 지치는 것이 당연하다. 그런데 이렇게 힘들고 지친 과정을 거치는 동안 그것이 반드시 성공이라는 달콤한 열매를 보장하지는 않는다는 두려움과 불안함이 있다는 것이다. 고생 끝에 낙이 온다는 '고진감래(苦盡甘來)'라는 사자성어도 대학생들에게는 그다지 위로가 되지 않는다. 과거에는 그랬을지 몰라도 요즘의 대학생들에게는 그렇지 않다는 것이다. 그런 까닭에 무작정 힘내라고 말하지는 않겠다.

대학생, 이름만 불러도 힘들다. 많이 힘들다. 그것이 현실이다. 그런데 힘들면 힘을 낼 수 있는 무엇인가가 필요하다. 지금 당장 필요하기도 하지만 조금의 시간이 지났을 때, 그리고 보다 요긴할 때 쓸 무엇이 필요하다. 그것은 지성인이 막 되어가는 대학생들에게 필요한 것이어야 한다. 나는 이렇게 말하려 한다. 일단 열심히 읽어라. 무엇이 되었건 열심히 읽다 보면 좋아하는 것을 찾을 수 있고, 그러다 보면 길이 보일 수 있다. 가깝게는 자신이 전공하고 있는 학문에 대한 지식의 깊이도 조금은 깊어질 것이다. 깊어진다는 것은 넓어질 가능성이 있다는 것이다.

세상에 쓸모없는 지식은 없다. 축석된 정보를 지식으로 전환하는 부단한 연습을 할 시간이 사실 그리 많지 않다. 대학 시절은 최고의 연습 기간이다. 경북 영주라는 인구 10만의 작은 시골이 나의 고향이다. 그리고 대학생활도 경기도 수원에서 했다. 그 당시를 생각해 보면 여러 가지 이유와 변명, 아쉬움이 있을 수 있지만 어찌 되었건 책읽기만은 또래의 누구보다 자신 있었다. 다른 건 몰라도 그 당시 나보다 책을 많이 읽는 대학생이 전국에 100명 이상은 되지 않았을 것이라 자부한다. 많이 읽을 때는 일 년에 400권 이상, 즉 하루에 1권 이상 읽었다. 그냥 읽었다. 이런저런 이유를 생각지 않고 읽고 또 읽었다. 대학생활이 즐거우면 즐거운 대로, 그렇지 않으면 그렇지 않은 대로, 머리에 잡생각이 가득하면 그 또한 책으로 해소하고, 좋은 글을 쓰기 위해 더 좋은 책을 또 읽고 읽었다. 그러다 보니 시간이 지나 지금은 이렇게 편안한 마음에 만족하며 대학생들에게 내 이야기를 할 수 있게 되었다.

결코 내 자신이 무엇을 이루었다는 것이 아니다. 그저 지극히 평범한 조건이었지만 현재는 스스로 만족한 삶을 살아가는 직장인이 되고 보니 그것은 책읽기 때문이었다는 생각이 든 것이다. 되돌아보면 경북 영주의 시골 고등학생이 뜻대로 서울대나 고려대에 입학해 정치학 또는 정치외교학을 전공했다면 더 성공했을까. 지금 생각해 보면 그렇지 않았을 가능성이 더 크다. 오히려 무엇인가 만족스럽지 못한 부족한 환경이 내 앞에 주어졌기에 나는 독서라는 방법을 찾았고, 그것이 지금의 내 삶을 보다 더 만족하게 만들었다. 그리고 앞으로의 내 삶도 지금까지 만들어진 독서의 테두리를 벗어나지는 않을 것이다. 다만, 좀 더 넓어지고, 좀 더 깊어지는 과정을 반복해 가며 한층 견고해질 것이다. 읽기에 대한 방법 및 경험은 '읽기' 부분에서 좀 더 구체적으로 소개하고자 한다.

읽기란 무엇인가?

[읽다]

「1」 글을 보고 그 음대로 소리 내어 말로써 나타내다

「2」 글을 보고 거기에 담긴 뜻을 헤아려 알다

「3」 경전 따위를 소리 내어 외다

「4」 (작가의 이름을 목적어로 하여) 작가의 작품을 보다

「5」 (비유적으로) 그림이나 소리 따위가 전하는 내용이나 뜻을
헤아려 알다

[Read]

「1」 (글·기호 등을) 읽다

「2」 (눈으로) 읽다; (소리 내어) 읽다

「3」 읽다, 읽어서 알다

[讀(읽을 독)]

「1」 읽다

「2」 이해하다

「3」 세다

[단어]

「1」 讀書(독서): 책을 그 내용(內容)과 뜻을 헤아리거나 이해(理解)하면서 읽는 것

「2」 讀者(독자): 책·신문(新聞)·잡지(雜誌) 따위의 출판물(出版物)을 읽는 사람

「3」 解讀(해독): 풀이하여 읽음. 잘 알 수 없는 글월이나 암호(暗號), 기호(記號) 따위를 읽어 풂

[고사성어]

「1」 牛耳讀經(우이독경): '쇠귀에 경 읽기'란 뜻으로, 우둔(愚鈍)한 사람은 아무리 가르치고 일러주어도 알아듣지 못함을 비유(比喩·譬喩)하여 이르는 말

「2」 晝耕夜讀(주경야독): 낮에는 농사(農事) 짓고 밤에는 공부(工夫)한다는 뜻으로, 바쁜 틈을 타서 어렵게 공부(工夫)함을 이르는 말

「3」 男兒須讀五車書(남아수독오거서): 남자(男子)는 모름지기 다섯 수레에 실을 만큼의 책을 읽으라는 말

「4」 多聞多讀多商量(다문다독다상량): 많이 듣고, 많이 읽으며, 많이 생각한다는 뜻으로, 중국(中國)의 구양수(歐陽脩)가 글을 잘 짓는 비결(秘訣)로서 이른 말

「5」 讀書百遍義自見(독서백편의자현): 뜻이 어려운 글도 자꾸 되풀이하여 읽으면, 그 뜻을 스스로 깨우쳐 알게 됨

어떻게 읽을까?

01 ## 시간을 정하지 말고 '지금' 읽어라

독서의 시작은 망설이지 말고 주저 없이 지금 당장 읽는 것이다. 일반적으로 독서라고 하면 200페이지 또는 300페이지 정도의 고전 또는 명저 읽기를 생각하기 쉽지만 사실 매일 아침 배달되는 신문을 읽는 것도, 그리고 때로는 신문과 함께 배달된 동네 마트의 광고 전단지를 읽어 보는 것도 넓은 의미의 독서라 할 수 있다. 무엇이든 처음부터 크고, 거창하며, 화려한 것은 욕심이다. 작고 소박하지만 지금 당장 시작할 수 있는 것, 그것을 차곡차곡 조금씩 실행해 보는 것이다. 그러면 이것이 습관이 된다.

나의 경우 '지금' 주변에 있는 무엇이라도 활자화된 것이 있다면 일단 부담 없이 읽어본다. 그리고 그 의미를 생각해본다. 단순히 재미를 위한 것인지, 그렇지 않으면 그 속에 어떤 의미를 내포하고 있는지, 표현은 자세하고 구체적인지, 독특한 매력이 있는지, 그러다 혹시 다음에 참고할 만한 좋은 문구라도 읽게 되면 메모하여 기억해 둔다.

사이토 다카시(2009)는 『독서력』이라는 책에서 "'독서력이 있다'는 것은 독서 습관이 배어 있다는 뜻이다. 별 부담 없이 책을 잡을 수 있고 일상 속에서 자연스럽게 읽을 수 있는, 독서가 습관화된 힘, 바로 이것이 독서력이다"라고 하였으며, "독서는 머리로 하는 것이 아니다. 지금까지 축적된 독서량으로 하는 것이다. 독서의 세계에서는 그야말로 '꾸준히 하는 것'이 힘이 된다"라고 함으로써 꾸준히 열심히 독서할 것을 강조하고 있다.

그리고 국내 작가 중 독서관련 저술로 유명한 김병완(2011)은 『48분 기적의 독서법』에서 "우리가 어떤 사람이 갖고 있는 지식을 얻기 위해서는 그 사람만큼 삶을 살아야 하지만, 인간은 놀랍게도 한 권의 책에 자신이 가진 모든 지식을 담아낼 수 있습니다. 독자는 책을 읽으며 일가(一家)를 이룬 한 인간의 지식들을 몇 시간 안에 훔쳐볼 수 있는 것이죠. 세상에 이만큼 훌륭한 도둑질이 또 있을까 싶습니다"라고 독서의 유용성, 즉 우리가 왜 독서를 해야 하는지 설명하고 있다.

또한 김운하(2013)는 『카프카의 서재』에서 "'나는 온 세상에서 휴식을 찾았으나, 한 권의 책과 더불어 구석진 곳이 아닌 어디에서도 휴식을 발견하지 못했다.' 14세기에 토마스 아 켐피스가 쓴 '예수 그리스도의 모방'에 나오는 문장이다. 독서는 행복을 얻는 한 방식이다. 그것도 세상에서 발견할 수 있는 가장 아름다운 행복 가운데 하나다"라고 말함으로써 독서의 궁극적인 목표가 인간의 행복 추구와 연계됨을 강조하고 있다.

즉, 독서는 편안한 마음으로 시작해서 인간의 행복이라는 궁극의 목표에도 이를 수 있는 최선의 수단임을 명심해야 한다.

02 | 손에 잡히는 대로 '많이' 읽어라

독서를 시작했다면 어떤 분야의 책을 어떠한 방법으로 읽어야 하는지 궁금할 것이다. 일단 독서 초보자에게 추천하고 싶은 방법은 종류를 가리지 말고 많이 읽어 보라는 것이다. 양이 많아진다는 것이 100% 질을 보장하지는 않더라도 적어도 일정수준의 질을 유지할 수 있게는 한다.

음식을 편식하듯 자신이 좋아하는 분야만 집중적으로 독서하는 것은 바람직하지 않다. 전체적인 건강을 위해 균형 잡힌 식단이 필요하듯 독서도 장기적인 관점에서 균형 잡힌 습관의 형성이 중요하다. 이러한 습관의 형성을 통해 시, 소설, 수필 때로는 학술논문 등 분야에 관계없이 해당 장르가 가진 특징과 장점을 보다 쉽게 파악하고 이해할 수 있을 것이다.

그리고 한 가지, 한자(漢字)에 대한 정확한 이해가 있다면 독서는 한결 수월해진다. 신라 말기의 학자인 최치원이 썼다는 '토황소격문(討黃巢檄文)'도 막연히 어렵게 느껴지지만 '토/황소/격문'으로 정확히 구분한다면 한결 수월하게 이해할 수 있다. 구체적인 사실이야 어찌 되었건 '황소를/치는(토벌하는)/빼어난 문장'이라는 전체적인 이해가 가능하기 때문이다.

나의 경우 다양한 분야를 종합적으로 접해볼 수 있는 대표적 사례인 신문을 적극 활용하는 편이다. 신문을 통해 정치, 경제, 사회, 문화, 연예 등 다양한 분야의 정보 및 이야기, 지금 현재 중요한 시사적인 것과 앞으로 중요한 의미를 지니게 될 기획시리즈 등에 관심을 가지고 두루 살펴본다. 그리고 신문에 소개된 한자 중에 생소한 것이나 기존에 알고 있던 것과 차이가 나는 것은 그 의미와 표기를 정확히 확인해 둔다.

김종훈(2010)은 『우리는 천국으로 출근한다』에서 "윈스턴 처칠은 독서의 중요성을 강조하며 이렇게 충고했다. '책을 다 읽을 시간이 없다면 최소한 만지고 쓰다듬으며 쳐다보기만이라도 하라'"고 하였으며, 문효·이소영(2010)은 『치심治心, 마음 다스리기』에서 "보지 못했던 책을 읽을 때에는 마치 좋은 친구를 얻은 것 같고, 이미 읽은 책을 볼 때에는 마치 옛 친구를 만난 것 같다. 나의 천성은 손님을 접대하는 것을 즐거워하나 언행에 허물이 있을까 두려우니, 이 책들이나 의지해 문을 걸고 늙으리라"고 말하며 독서의 즐거움을 소개하고 있다. 그리고 독서와 관련하여 많이 알려진 이야기로 전국학교도서관 담당교사 서울모임(2012)에서 『북미 학교도서관을 가다』라는 책에 다시 소개한 "빌 게이츠는 '가장 갖고 싶은 능력'이 무엇이냐는 질문에 '빨리 읽을 수 있는 능력'이라고 답했단다. 그는 '나를 키운 것은 조국도 아니고 어머니도 아니고 마을의 작은 도서관이었다'라고 말할 만큼 소문난 독서광이다"라는 이야기는 현재를 살아가는 우리들이 미래를 생각할 때 한 번쯤 새겨 봄 직한 말이라 생각한다.

쉽게 생각하자. 시간이 없다면 서점에 들러 책 제목이라도 열심히 읽어보자. 그럼 조금씩 느낄 수 있을 것이다. 독서의 재미를……

03 | 작가가 선택한 단어와 문장을 꼭꼭 씹어 읽어라

책을 읽는다는 것은 무엇일까?

저자(또는 작가)가 사용한 단어, 문장 등에 담긴 고유한 의미를 이해하고 이를 바탕으로 그의 의도를 해석할 수 있는 것이 아닐까. 물론 단순히 독자의 읽는 즐거움만을 목적으로 쓴 시간 보내기 목적의 책도 있을 것이며, 때로는 심오한 학술적 연구결과를 관련분야 동료들에게 상세하게 소개하기 위한 연구결과 보고서 또는 논문도 있을 것이다. 그런 까닭에 독서를 한다는 것은 저자가 되어 그의 마음을 이해하는 것이다. 독서를 하고 있는 그 순간만은 내가 아닌 저자가 되어보는 것이다. 한 번 읽었을 때, 두 번 읽었을 때, 그리고 열 번 읽었을 때 그때마다 독서를 통한 이해 정도와 그 느낌은 다르다. 궁극의 읽기라는 저자의 책을 베끼어 쓰는, 필사(筆寫)까지는 아니더라도 반복해서 읽으며 저자가 되어보자.

나의 경우 '노신 평전', '마틴 루터 킹 이야기', '소설 정도전', '태종' 등은 지금까지 열 번 이상 읽었고 앞으로도 몇 차례는 더 읽게 될 것이다. 지겨울 만도 하고 그 시간에 신간 도서를 읽는 것이 더 좋지 않을까 하는 생각도 가끔 들지만 그래도 작가의 이야기를 반복해서 따라가다 보면 읽을 때마다 새롭기 때문이다. 독서의 회차를 거듭할수록 이해의 정도는 풍성해지고 깊이는 더해진다.

김선욱(2008)은 『틈새 독서』라는 책에서 "대부분의 사람들은 그럭저럭 지낸다. 그들은 군중처럼 행동하고, 군중처럼 생각하고, 똑같은 것들을 반복한다. 그들은 이것이 안전한 길이라고 느낀다. 문제는 군중이 모두 잘못이라는 점이다. 전통적으로 군중은 어디로 가고 있는지 모르기 때문에, 결국 어디에도 도착하지 못한다. 만일 당신이 어떤 이의 발자취를 따르기를 원한다면 그것은 훌륭한 생각이다. 그렇다면 어떤 이가 따를 만한 가치가 있는 자인지 확인하라(얼 나이팅게일, 『진정 그대가 원하는 게 있다면』)"고 소개하며 어떤 행동을 하기 전 먼저 꼼꼼히 고민하고 생각해 볼 것을 강조하고 있다.

그리고 마쓰오카 세이고(2010)는 또한 『다독술이 답이다』라는 책을 통해 "독서는 '그 사람이 무엇을 읽고 있는지는 알 수 있지만, 그 사람이 어떻게 읽고 있는지는 알 수 없다'라고 할 수 있습니다"라고 언급하며 독서를 어떻게 하고 있는지는 오직 독서를 하고 있는 자신만이 알고 있음을 소개하고 있다.

마지막으로 전병용은 『교과서에 나오는 세계의 명화』 세잔 편에서 "세잔은 초상화 모델에게 115번이나 자세를 취하게 한 적이 있었대. 일을 마치고 돌아가는 모델에게 옷을 벗어 놓고 가라고 부탁하기도 했어. 옷을 다시 그리려고 그랬을 거야. 모델이 어쩌다 지루해서 몸을 비틀기라도 하면 당장 불호령을 내렸지. '사과처럼 얌전히 있어요!'라고 말이야. 완벽한 초상화를 그리고 싶은 욕심에서 그랬겠지"라고 소개하며 하나의 그림을 완벽하게 완성하기 위한 화가로서 세잔의 집요함을 소개하고 있다.

독서라고 다르지 않다. 독자는 저자가 쓴 책을 읽을 뿐이지만 때로는 그것을 넘어설 수 있어야 한다. 책 속에 담긴 의미를 잘근잘근 씹어보고, 이리저리 곰곰이 뜯어보는, 생각하는 독서가 필요한 것이다.

04

때와 장소에 맞게 다양하게 읽어라

모든 장소에서 편안한 마음으로 좋아하는 책을 읽을 수 있다면 얼마나 좋을까. 그러나 현실은 그렇지 않은 경우가 대부분이다. 때로는 만원 지하철에 있을 수도, 때로는 한적한 공원 벤치에 있을 수도, 그리고 때로는 조용한 서점에서 친구를 기다리고 있을 수도 있다. 환경은 얼마든지 변할 수 있다. 그런 까닭에 독서를 잘하기 위해서는 주어진 환경에 적당한 책을 잘 선택하여 읽을 수 있어야 한다. 상상해보라. 무더위 만원 지하철에서 난해한 학술논문을 읽는 당혹스러움을.

그래서 나의 경우 사전에 다양한 읽을거리를 준비해둔다. 이후 상황에 어울리는 적당한 것을 선택하여 읽는다. 도서관에서 몇 권의 책을 대여하는 경우라면 소설, 사회과학, 에세이 등 가능하면 분야가 서로 겹치지 않도록 하고, 짧은 논문도 몇 개 출력해 둔다. 그리고 내게 주어진 독서 상황에 가장 적합한 읽을거리를 선택하여 읽는 것이다.

김수미(2003)는 『그해 봄 나는 중이 되고 싶었다』라는 책에서 "성 아우구스티누스는 이렇게 말했다. '세계는 한 권의 책이다. 여행하지 않는 자는 그 책의 단지 한 페이지만을 읽을 뿐이다'"라며 세계를 거대한 책으로 비유하며 여행을 통한 직접경험의 소중함을 강조하고 있다. 그러나 한 인간의 직접경험에는 한계가 있음이 자명한 까닭에 책을 통한 다양한(다양한 장소에서 다양한 읽을거리) 간접경험이 필요한 것이다.

니시무라 아키라(2004)는 『직장인의 6가지 독서 습관』을 통해 "신문이나 잡지의 경우에는 '필요하지 않으면 읽지 않고 그대로 버린다'는 전제하에서 자료를 모아야 한다"라고 함으로써 무엇인가를 읽어야만 한다는 것에 대한 심리적 부담을 한결 가볍게 해 준다. 독서도 마찬가지다. 주어진 환경에 적당한 읽을거리를 고르고 그것을 읽어 보자. 그러나 상황이 여의치 않으면 과감히 읽기를 포기하라. 그것이 방법이다. 그리고 때로는 관점의 전환도 필요하다.

이준석(2012)의 『어린놈이 정치를?』에 언급된 "트위터는 여론을 형성하는 곳이 아니라 여론을 확인하고 확대 재생산하는 곳이라는 관점에서 접근해야 한다"라는 말을 주의 깊게 생각해 볼 필요가 있다. 또한 김종석(2006)은 『청년을 위한 퇴계 평전』에서 다음과 같은 이야기로 서로가 상대방을 이해하고 소통한다는 것의 중요성을 강조하고 있다. "기대승은 32세였고 퇴계는 58세였다. 퇴계는 성균관 대사성에서 갈려 한직인 상호군의 벼슬에 있었고 기대승은 문과에 급제하고 이제 막 벼슬살이를 시작할 무렵이었다. 문과에 합격하고 바로 자신을 찾아온 기대승을 퇴계는 반갑게 맞았다. 전에도 이름은 들어본 적이 있었지만, 직접 만나 얘기를 나눠보니 인품도 훌륭하고 학식도 뛰어났다. 퇴계는 마음을 열고 처음 만난 대승을 격려했다. 두어 달 후 고향으로 돌아가는 기대승에게 퇴계는 편지를 보냈다. 기대승이 먼저 방문했다 해도, 막 문과에 급제한 사람에게 성균관 대사성을 지낸 대선배가 먼저 편지를 보내 전송했다."

05

독자이자 작가가 되어라

많이 읽다보면 문득 '이 정도의 책이라면 나도 쓸 수 있지 않을까'라는 생각이 든다. 내가 살아온 이야기를 책으로 쓴다면 소설 한 권 정도는 충분하지 않을까 하는 생각들 말이다. 사람들은 흔히 그리고 너무도 쉽게 이야기한다. 그러나 막상 무엇인가를 쓴다는 것은 그리 만만한 일이 아니다. 사랑하는 이를 위한 짧은 연애편지를 쓸 때도 고민에 고민을 거듭하여 한 문장을 겨우 쓰고, 오해로 인해 다툰 친구에게 사과의 문자 메시지를 보낼 때도 적당한 표현이 떠오르지 않아 때로는 오랫동안 망설이기도 하는 것처럼 말이다. 그런 까닭에 책을 읽는 동안만이라도 작가가 되었다고 상상해 보자.

나의 경우 책을 읽기 전 먼저 제목을 보면서 전체적인 줄거리를 상상해 본다. 그리고 목차를 보며 제목만으로 내가 상상했던 것처럼 이야기가 진행될지 다시 한번 추측해 본다. 마지막으로 실제 책을 읽으며 작가의 상상과 내 추측의 교차점을 찾아본다. 작가들이 다양한 독서의 과정을 거치는 것처럼 독자들 또한 작가가 된 듯한 추측과 상상을 통해 작가가 되어가는 것이다.

최정태(2011)는 『지상의 위대한 도서관』에서 "책 속에는 과거 전체의 '영혼'이 담겨 있다. 책은 과거의 형체와 물질적 존재가 꿈처럼 완전히 사라진 뒤에도 또렷하게 들려오는 과거의 소리이다. 인류가

행하고, 생각하고, 얻은 것, 또는 생활한 것 모두가 책의 페이지 속에 마술처럼 보존되어 있다"라는 토머스 카라일의 언급을 인용하며 책에는 영혼, 즉 작가의 전부가 반영되어 있음을 소개하고 있다.

안수찬(2006)은 『기자, 그 매력적인 이름을 갖다』에서 "단편적 사실을 아는 게 상식이고, 그 사실들을 체계 위에 올려 이해하는 게 지식이라면, 무수한 사실의 체계를 관통하는 시대정신을 읽는 게 관점이다. 역사책에는 상식과 지식과 관점이 함께 녹아 있다"라며 독서를 통한 상식, 지식, 시대정신의 이해를 강조하고 있다.

또한 김홍식(2011)은 『행복한 1등, 독서의 기적』을 통해 "독자(讀者), '읽는 사람'이다. 세상에 존재하는 모든 상품 가운데 유일하게 책의 구매자만 소비자란 일률적인 개념 속에 무차별적으로 포함되지 않는 것이다. 이 얼마나 위대한 사건인가! 자본주의 사회를 지배하는 자본가조차도 감히 물건을 사는 소비자로 여기는 것이 아니라 책을 읽는 인간으로 대우한다는 사실! 그것이 바로 책을 구입하고 읽는 인간이 위대한 존재요, 독립적인 존재이며, 능동적으로 자신의 삶을 세우는 존재라는 것을 보여주는 극명한 예인 것이다"라며 독자, 즉 무엇인가를 읽는다는 행위를 실천하는 인간의 위대함을 강조하고 있다.

독자는 단순히 독자의 위치에 만족해서는 안 된다. 잠재적 작가를 꿈꾸고 준비하라.

06 | 읽는 것과 동시에 이미지를 그려라

　　일반적으로 책을 읽으면서 한 번에 모든 내용을 이해하기는 매우 어렵다. 그렇다면 독자의 이해를 보다 용이하게 하는 방법에는 어떤 것들이 있을까. 모르는 단어가 나올 때마다 사전을 찾아가며 읽는 방법도 있을 것이고, 이해하기 쉽지 않은 부분을 접하게 되면 관련분야 전문가에게 도움을 요청하는 것도 하나의 방법일 수 있다. 소개된 방법들은 나름의 장점이 있는 매우 훌륭한 독서방법들이다. 그렇지만 번번이 관련분야 전문가를 찾을 수는 없을 것이며, 모르는 단어가 나올 때마다 사전을 찾는다면 전체적인 독서의 속도가 매우 떨어져 읽기의 흥미를 잃어버릴 수도 있다. 그런 까닭에 여기서 소개하고자 하는 독서의 방법은 읽으며 머릿속에 이미지를 그려보는 것이다. 책을 읽고 그 내용을 이해했다는 것은 제3자에게 도식화 또는 이미지화하여 설명할 수 있어야 하는 것이다.

　　나의 경우 소설을 읽을 때는 인물을 유형화하여 이미지를 그려 보거나, 기존에 읽었던 소설 속의 인물 중 비슷하다고 생각되는 이들과 연계하여 생각해 본다. 같은 점과 다른 점을 찾아 이미지화 해두면 기억하기에 한결 수월하다. 그리고 사회과학 서적을 읽는 경우는 서론, 본론, 결론 등으로 분류하여 작가가 주장하고자 하는 바를 머릿속에 이미지로 정리해 본다. 이후 이해가 부족하거나 명료하지 않은 부분은 한 번 더 읽어 전체적인 저자의 주장을 충분히 머릿속으로 그릴 수 있도록 한다.

김현예(2010)는『책 읽는 CEO, 비즈니스북스』에서 "독서는 상상력을 유지하고 생각의 유연성을 얻기 위해 하는 것이지 신제품을 만들어내기 위한 것이 아닙니다"라고 하였으며, "저자는 전력을 다해 책을 쓰는데 한번 쓰윽 보고 '다 봤다'고 하면 아는 게 아니라고 생각합니다"라고 하였다. 이는 독서를 한다는 것이 그리고 한 번에 저자의 생각과 의도를 이해한다는 것이 매우 어려움을 강조한 것이다. 그렇기에 우린 이미지화 작업이 필요한 것이다.

구본준·김미영(2009)은『서른 살 직장인, 책읽기를 배우다』에서 "그(건축가 승효상)는 인터뷰에서 '서재를 보면 수천 명의 사람이 나를 도와주고 있다는 생각이 들기 때문에 힘도 나고 용기도 얻는다'고 말했다. 서재에 꽂힌 수많은 책들과 정서적으로 교감하며 책들이 자신을 응원한다고 느낀다는 사람이라면 정말 책을 좋아하는 사람이란 생각이 들었다"라고 하였다.

책을 읽으며 전체적인 이미지를 머릿속에 그려보는 것도 좋고, 책에 둘러싸인 채 책들이 쏟아내는 지식과 지혜를 상상해 보는 것도 유쾌한 일이라 생각한다.

07 | 문단마다 핵심문장을 찾아라

학창시절 국어시험에 '다음 중 ○○○이 상징하는 것이 아닌 것은?'과 같은 종류의 문제가 한두 개는 꼭 있었던 기억이 있다. 그때마다 이런 생각이 들었다. '저자 또는 작가가 자신의 고유한 마음을 담아 무엇인가를 썼다면 그것을 왜 제3자가 모두 동일하게 해석하고 이해하며 또 암기까지 해야 하나'라는 일종의 회의감이 들었던 기억이 있다.

특히 시와 관련된 문제를 접할 때면 읽을 때마다 느낌이 다른 시어들도 있는데 이것을 'A＝통일', 'B＝분단'을 상징하는 시어이며 이는 작가가 분단된 조국을 한탄하고 슬퍼하며 비유적 또는 은유적으로 상징하여 나타내고 있음을 별다른 고민 없이 나름 열심히 외워야만 했다.

지금 생각해보니 무엇인가를 읽고 이해한다는 것은 저자 또는 작가의 의도, 즉 그가 표현하고자 하는 핵심(주제)을 찾는 것이다. 다른 단어 또는 문장들은 그것을 자세하고, 상세하게, 때로는 아름답게 수식할 뿐이다.

나의 경우 책을 읽을 때 한 단락에는 하나의 핵심문장만 있다고 가정한다. 그리고 그것을 찾아본다. 그 속에는 당연히 핵심단어가 있기 마련이다. 뛰어난 저자는 자신의 생각을 구구절절 표현하지 않는다. 핵심은 오히려 간결하다. 단지 그것을 수식하는 문장과 표현의 차이만 있을 뿐이다.

김은섭(2010)은『질문을 던져라 책이 답한다』에서 "돈의 단위가 돈을 바라보는 프레임을 결정하기 때문에 우리는 면세점에서 200달러의 고급 넥타이는 쉽게 구입하면서 200,000원의 가격표가 붙어 있는 넥타이 구입은 주저하게 된다고 말했다"라고 하며 사람들이 무엇인가를 이해하고 해석하는 틀이 매우 중요함을, 그리고 정만조 외(2012)는『도산서원과 지식의 탄생』에서 "글을 읽는 요결(要訣)은 반드시 성현의 언행을 마음에 체득하고 침잠(沈潛)하여 말없이 탐구한 다음이라야 비로소 함양되어 학문이 진보하는 성과가 있다는 것이다. 만약 빨리빨리 말해 넘어가고 대충대충 외워버리고 만다면, 이것은 말마다나 외우고 듣는 말습(末習)에 불과한 것이다. 비록 1,000편의 글을 외우고 머리가 희도록 경전을 이야기한들 도대체 무슨 보탬이 있겠는가?"라며 학문을 함에 있어서 그것의 핵심을 파악하고 이해하는 것이 매우 중요함을 강조하고 있다.

그리고 지윤정(2010)은『10년 차 선배가 5년 차 후배에게』에서 "보는 것도 수준이 있기는 마찬가지다. 한자 見(볼 견), 視(볼 시), 觀(볼 관), 看(볼 간), 察(살필 찰)은 바로 이 '본다는 것'의 단계를 보여준다. 표면 현상을 보는 '見(견)'의 단계를 넘으면 마음이 담겨 있는 '視(시)'의 단계를 만난다. 그다음은 생각의 의미를 담은 '觀(관)'의 수준에 이른다. 그다음은 간병이나 간호할 때처럼 본질을 꿰뚫어보는 '看(간)'의 수준에 이른다. 최고 경지는 보이지 않는 것까지 찾아서 보는 '察(찰)'에까지 도달하는 것이다. 바로 마음까지 헤아리는 통찰력 수준이다"라고 함으로써 단순히 본다는 행위에도 그 수준의 차이가 매우 크다는 것을 한자의 의미를 통해 자세히 설명하고 있다.

가령 정치학과 관련된 책을 한 권 또는 백 권, 많게는 천 권을 읽었느냐가 중요한 것이 아니라 독서를 통해 정치학의 핵심은 '권력(power)'임을 이해하는 것이 보다 중요하다.

읽지 못할 이유와 장소는 없다

독서가 유익하다는 것은 누구나 알고 있다. 그런데 왜 유익함으로 가득 찬 책읽기를 멀리 하는 것일까. 아마도 가장 대표적인 이유 중에 하나는 책 읽을 시간이 없다는 것이다. '책 읽을 시간이 없다' 이것의 의미는 무엇일까. 편안한 마음으로 아무것에도 방해받지 않고 집중적으로 일정시간 동안 무엇인가를 읽기에는 우리의 삶이 너무나 복잡해진 것은 아닐까. 그런데 복잡한 삶을 한순간에 되돌릴 수는 없다. 그렇다면 조금씩 자투리 시간을 활용해 보는 것이다. 가방 속에 얇은 책 한 권 넣어두고 버스를 기다릴 때나 누군가를 만나기 위한 약속장소에서 한 장 두 장 읽어보는 것이다. 처음이 어색해서 그렇지 반복하다 보면 그리 큰 부담 없이 책읽기를 계속 해나갈 수 있다. 대부분의 시간을 타인들에 둘러싸여 있다가도 문득 혼자만의 시간이 생기는 아주 작은 틈이 있다. 그때다. 그냥 읽어보는 거다.

나의 경우 버스정류장, 서점, 공공기관의 로비 등을 적극 활용하는 편이다. 먼저 버스정류장에서는 약속시간보다 일찍 도착한 경우 곧바로 약속장소로 가지 않고 정류장 의자에 앉아 잠시나마 책을 펼친다. 책을 읽는 동안 버스를 오르고 내리는 사람들, 그들과는 좀 동떨어진 듯한 묘한 여유가 기분 좋다. 서점의 경우는 수천, 수만 권의 책 속에서 단 한 권의 책을 골라 읽는 선택과 집중의 매력이 있다.

그리고 공공기관의 로비는 사무적인 느낌의 익명성, 그 속에 부분적으로 깔끔하고, 세련된 기운이 좋아 가끔씩 들러 책을 읽는다. 이런 기분은 단지 나만의 개인적인 취향은 아닌 듯하다.

국립중앙도서관(2009)의『제1회 대학(원)생 도서관 선진화 현상공모 수상 논문집』에서는 파리 비블리오 루도테크 도서관을 소개하며 "파리에서 아름답기로 손꼽히는 'Floral' 공원 내에 위치한다. 전면에 걸린 도서관 문패만 아니면 휴양소를 연상시킬 법한 분위기의 건물로, 건물 앞에는 넓은 잔디 마당이 펼쳐져 있다. 크기는 작지만 내실 있는 규모의 이 도서관은 5천8백여 권의 책을 소장하고 있을 뿐 아니라 도미노, 피즐 등 많은 수의 장난감도 보유하고 있다. 이와 같이 그저 조용히 책을 읽는 도서관에서 탈피하고자, 비블리오 루도테크 도서관은 공원과 연계된 프로그램을 지속적으로 개발하고 있으며 아이들과 자연이 친숙해질 수 있는 분위기를 만들어준다"라고 소개하고 있다. 가장 시급한 것은 우리에게도 이런 도서관이 많아져야 한다.

그리고 황근식(1991)은『정상을 향하는 젊은이들』에서 "공부를 잘하고 못하고를 떠나서 공부에 인생을 걸었던 사람들은 다른 점이 있다. 물론 다른 일도 마찬가지겠지만 공부는 특히 자신과의 싸움이다. 그들에게 인정해 주어야 하는 것은 학위가 아니라 자신을 극복할 수 있는 의지력이다"라며 무엇인가에 자신의 모든 것을 걸었던 사람들에게는 비록 그 분야에서 성공하지 못하더라도 그것이 삶을 살아가는 주요한 태도가 될 수 있음을 강조하고 있다. 독서도 작은 태도의 변화로 시작된다.

마지막으로 김도윤·제갈현열(2012)은『날개가 없다, 그래서 뛰는 거다』에서 "어느 여배우는 인터뷰에서 '진짜 배우란 무엇인가'라는 질문에 이렇게 대답했다. '진짜 배우란 프로입니다. 프로란, 자기가 가장 좋아하는 일을 가장 하기 싫은 순간에도 할 수 있는 사람을 의미합니다. 단순한 열정만으로는 하기 힘든 일이기도 하죠'"라며 좋은 것을 잘하는 것보다 때로는 싫은 것을 잘하려 하는 것이 중요할 때도 있음을 강조하고 있다.

독서의 프로가 되면 싫은 것도 익숙해진다.

09| 목적에 맞게 읽어라

책을 사면 처음부터 끝까지 글자 한 자 놓치지 않고 모두 읽어야만 하는 것일까. 그게 진정한 독서일까. 그렇지 않다. 독서는 그 목적과 상황에 맞게 하면 된다. 국어사전을 샀다고 'ㄱ'의 처음부터 'ㅎ'의 끝까지 읽고 암기하지 않는 것처럼 때로는 필요한 부분만 발췌해서 읽어야 할 때도 있는 것이다. 그렇게 읽다보면 전후 맥락이 궁금해지는 경우도 있고 서론과 결론을 꼭 봐야 하는 경우도 생긴다. 그럼 그때 나머지 부분을 읽으면 된다.

책을 읽는다는 것에 대한 부담을 가지지 말고 목적에 맞게 읽으면 된다. 600페이지의 두꺼운 책을 샀더라도 자신이 좋아하는 부분은 우연히 넘겨 본 페이지 속의 한 문장일 수도 있는 것이다. 그 책의 가치는 그것으로 충분할 수 있다. 그리고 한 가지 사안에 대한 관심으로 책을 읽고 있다면, 전혀 다른 시각을 가진 책 또한 읽어보아야 한다. 유치해 보이는 어린 아이들의 싸움에서도 형과 동생의 입장은 서로 다르기 마련이다. 목적에 맞는 독서를 한다는 것은 필요한 것을 적절히 취한다는 의미이기도 하지만 그에 대한 충분하고 포괄적인 이해를 동반하기도 하는 것이다.

나의 경우 논문을 쓰기 위한 책을 읽는다면 주제에 부합하는 책을 가능한 많이 찾아둔다. 그리고 그중 가장 일반적이고 포괄적인 책을 먼저 읽어둔다. 이후 주제와 연계되기는 하지만 관점이나 내용이 조금씩 다른 책을 통해 작성하고자 하는 논문의 흐름에 맞게 필요한 부분을 취할 뿐이다. 이런 책들은 중복되는 부분이 많기 때문에 전체 내용을 모두 다 읽을 필요는 없다. 그저 목적에 맞는 부분만 읽는다.

한정원(2011)은 『지식인의 서재』에서 "어떤 책은 맛보고, 어떤 책은 삼키고, 어떤 책은 씹어서 소화시켜야 한다"며 책읽기에도 다양한 방법이 있음을, "책은 청년에게 음식이 되고 노인에게는 오락이 된다. 부자일 때는 지식이 되고, 고통스러울 때는 위안이 된다"며 상황에 따라 의미의 차이가 있음을 소개하고 있다.

김무곤(2011)은 『종이책 읽기를 권함』에서 "독자에게는 책을 읽을 권리도 있지만 책을 읽지 않을 권리도 있다. 책이란 반드시 읽기 위해 존재한다고 생각하는 건 고정관념이다. 책은 아무 말도 하지 않고, 누구도 편애하지 않는다. 책은 가만히 독자를 기다린다"라고 하여 책읽기에 대한 마음의 부담을 한결 가볍게 하였으며, 신성석(2007)은 『성공한 리더는 독서가다』에서 "독서가 직접적인 해답을 알려주지는 않지만 어떤 방향으로 가야 하는지를 알려주는 길잡이 역할을 하는군. 통찰력이 점차로 향상되는 느낌이야'라고 하여 책을 읽는다는 것이 지금 당장은 무의미해 보일 수 있지만 언젠가는 삶의 방향성을 제시해 줄 수도 있음을 강조하고 있다.

10 | 얻고자 하는 바를 정하고 읽어라

1월이면 가장 자주 언급되는 사자성어인 작심삼일(作心三日). 결심이 오래가지 못함을 부정적으로 표현할 때 쓰이지만 때로는 그 또한 필요하다. 작심삼일 120번이면 1년이다. "올해에는 적어도 세 권의 책을 읽겠다." 가끔은 이런 독서목표가 필요할 때가 있다. 목표나 목적 없이 무작정 책을 읽다보면 무료해지기 마련이다. 물론 책을 너무나 좋아하는 사람들은 그렇지 않지만, 독서초보자들에게는 작은 목표를 세우는 것도 하나의 방법이 될 수 있다. 이때 '몇 권' 이렇게 목표를 세우기보다 몇 페이지 또는 하루 십 분 정도의 작은 단위 목표가 달성하기에 상대적으로 수월하여 효과가 클 수 있다.

예를 들어 이번 책읽기를 통해서는 '조선시대 실학자인 정약용이 만든 수원 화성에 대해 확실히 알겠다'는 세부적이고 구체적인 목표를 설정하는 것이 필요하다. 막연히 '정약용에 대해 확실히 알겠다'는 목표는 사실 너무 광범위하여 한 번에 달성하기 어렵기 때문이다. 작은 목표를 세우고 실천해보자. 우리가 몸의 근육을 키우고 싶을 때 조금씩 운동량을 증가시키는 것처럼 책읽기라는 정신의 근육을 키우기 위해서도 조금씩 그 강도를 높이는 것이 필요하다.

나의 경우 하루 단위 목표에서 시작한다. 아침에 일어나서 30분은 무슨 일이 있어도 책을 읽는다. 그리고 일주일 단위에서는 적어도 4

권의 책을 읽는다. 한 달 단위에서는 15권의 책읽기, 이렇게 세 달, 여섯 달, 일 년 단위로 책읽기 목표를 설정해 두고 실천한다. 그리고 중간 중간 목표와 실천의 정도를 비교한다. 목표 달성이 어려운 경우라면 좀 읽기 쉽고, 내용이 무겁지 않은 책을 선택하여 목표 달성에 중점을 둔다. 이러한 세부 목표 설정을 통해 보통은 일 년 단위에서 180권에서 200권 정도의 독서를 하게 된다.

구자균 외(2010)는 『마음의 눈으로 세상 읽기』에서 "90점과 100점의 차이는 어느 정도일까? 10점이나 10퍼센트 정도의 차이일까? 학교 다닐 때 시험공부를 해보면 100점을 목표로 할 때와 90점을 목표로 할 때의 공부의 양이나 깊이는 천지 차이다. 100점은 단 하나의 실수도 용납하지 않는다. 단 하나도 틀리지 않으려면 90점을 목표로 할 때보다 최소 두 배 이상은 더 공부해야 한다. 내재되어 있는 잠재력의 차이는 차원이 다르다. 디테일의 차이란 이런 것이다"라며 목표설정에 따른 상대적 관념의 차이를, 유진(2012)은 『대한민국 대통령 그들은 누구인가』를 통해 "독서는 한가한 여가용이나 지식 습득이 아니라 강인한 도전이요, 절박한 고지 점령의 과정이었다"라는 최진의 『대통령의 독서법』에 언급된 내용을 인용하며 때로는 절박한 독서도 필요함을 강조한다.

신영복(2010)은 『여럿이 함께 숲으로 가는 길』에서 "황매천 선생의 절명시가 있습니다. 한일합방을 민족의 수치로 여기고 자살 직전에 남긴 시입니다. 그 시에 '지식인 되기가 참 어렵다(難作人間識字人)'고 토로하고 있습니다. 지식인은 기본적으로 그 시대의 문맥에 갇히면 안 됩니다. 그 시대를 지배하는 지배 이데올로기에 포섭당하면 안 됩니다. 대학은 바로 우리 시대를 지배하는 문맥, 그러한 문맥

으로부터 독립해 있어야 합니다. 대학은 비판담론, 대안담론의 공간
이어야 한다는 생각이지요"라며 시대의 문맥을 초월한 독립적 지식
의 중요성을 강조하고 있다.

그런 지식인이 되기를 목표하고 노력해 보자.

11 | 읽은 것이 전부는 아니다

당연한 어쩌면 당혹스러운 이야기일 수 있지만 책읽기가 전부는 아니다. 책을 통해 많은 것을 배우고, 느끼며, 깨달을 수 있기에 그 무엇과 비교할 수 없는 더 없이 좋은 삶의 수단이라고 생각할 수 있지만 또 그렇게 생각하는 것이 당연하지만 그것만이 전부는 아니다. 책이 가진 치명적인 약점은 간접경험이라는 점이다. 내가 아닌 작가의 생각과 마음으로 기쁨, 슬픔, 연민 등의 감정을 느끼게 되고, 작가의 눈으로 일본을 그리고 케냐를 여행하기도 하는 것이다.

책을 통해 우리가 접하는 모든 것들은 작가 또는 저자라는 체를 통해 한 번 걸러진 것이다. 그들이 일본의 좋은 면만 보려 하고, 반대로 케냐의 나쁜 면만 보여주려 한다면 그 방면에 지식이 풍부하지 않은 독자는 자연스럽게 그리 받아들일 수밖에 없다. 즉, 독서는 쉽고, 편하며, 유익하지만 그것이 체화된 깊이를 보장하지는 못한다.

나의 경우 이러한 간접경험의 한계를 보완하고자 가끔은 직접경험으로 전환하여 행동에 옮겨 본다. 맛집을 소개한 책을 열 권 읽었다 하더라도 그것이 맛있는지는 직접 가서 먹어봐야 하는 것이다. 맛은 눈이 아니라 혀를 통해서만 알 수 있다. 그림의 떡이 아니라 혀의 떡이 필요한 것이다. 백견이불여일행(百見而不如一行)이란 말처럼 맛이란 간접경험이 아닌 직접 먹어 보았을 때 진정한 평가를 할 수 있는 것이다. 그 차이에 대한 분명한 인식과 자각이 필요하다.

한정원(2011)은 『지식인의 서재』에서 "책을 통해서 모든 것을 해결하려 해서는 안 됩니다. 독서가 마음의 양식이고, 성장에 도움이 되고, 인생의 길을 가르쳐주고, 심지어는 삶의 요령까지 가르쳐준다는 식으로 강요하지 않았으면 좋겠어요. 책이라는 건 그 자체로 근본적인 매력이 있어서 나름대로 삶을 영위하는 안목이 생기면 자연스럽게 책이 삶의 일부로 들어오거든요. 그때 하는 것이 독서입니다. 게다가 책을 읽지 않고 살 수 있다면 그것도 얼마나 좋은 삶이겠어요?"라고 하였고, 김규항·지승호(2010)는 『가장 왼쪽에서 가장 아래쪽까지』에서 장 자크 루소를 인용하며 "책의 남용은 과학을 죽인다. 읽은 것을 아는 것이라 생각함으로써, 우리는 한 번 읽은 것은 더 이상 배울 필요가 없다고 생각해버린다. 지나친 독서는 주제넘은 무식꾼을 만들어낼 뿐이다"라고 하였다.

마지막으로 김인중(2010)의 『안산 동산고 이야기』에서는 "20대에 책을 읽으면 문틈으로 달을 보는 것과 같다. 30대에는 마당에서 달을 보는 것과 같다. 40대에는 동산에서 달을 보는 것과 같다. 인생의 강을 건너면서 터득한 삶에 대한 인식이 책을 읽을 때에도 반영되어 그 연륜에 따라 해석과 감동이 확장되는 것이다"라고 함으로써 동일한 저자의 책을 읽더라도 독자의 삶의 연륜과 경험이 더해진다면 그 깊이에서 차이가 있음을 강조하고 있다.

일단 읽고, 읽고 나면 반드시 이를 나의 경험화하여야 한다.

12 | 일단 멈추고 읽어보자

　　지금까지 독서 또는 무엇인가를 읽는 행위 자체에 대해 이런저런 생각들을 써 보았다. 모두 다 중요한 이야기들이다. 그런데 무엇보다 중요하고 시급히 실천해야 할 것은 일단 읽어보는 것이다. 먼저 활자로 된 무엇인가를 읽는다는 행위 자체에 익숙해져야 한다. 그렇게 읽다보면 자신에게 가장 적합한 방법을 차츰차츰 찾아가게 된다.

　　조금이라도 도움이 될까 싶어 내 개인적인 경험을 옮겨보면 나는 경상북도 영주의 작은 시골마을이 고향인 사람이다. 쉽게 예상해볼 수 있듯 독서환경이 썩 좋지 않은 시골마을에서 어떻게 책읽기에 흥미를 가지게 되었을까. 그 시작은 읽을 책이 없었다는 역설에 있다. 집에 책이 너무나 없었기에 그저 교과서를 반복해서 읽게 되었고 그러다 보니 요즘으로 치면 자연스럽게 선행학습(先行學習)이 되었던 것이다. 그 결과 학창시절 성적이 최상위권을 유지하게 되었고, 또 당시 마침 어머니가 구독 신청한 '소년경향'이라는 신문을 접하게 된 것이다. 그때가 아마도 중학교 2학년 정도 되었을 것이다. 그 전일 수도 있지만 내 기억의 범위에서 그때 이후로 교과서보다는 신문을 더 열심히 읽었고 세상에 대한 호기심을 키워 그것들을 원고지 또는 엽서에 정리해 신문사에 독자투고를 하고 그것들이 게재되어 너무나 기뻤던 기억이 있다.

이후 3학년이 되었을 때 '장학서점'이라는 중고책을 팔거나, 대여하는 서점을 이용하게 되면서 본격적인 독서의 세계에 눈을 뜨게 되었다. 이후부터는 눈에 보이는 활자들(교과서, 문제집, 신문, 책, 잡지 등)을 한여름 무더위 갈증 해소하듯 마구마구 삼켰던 기억이 난다. 고등학생이 되어서는 더욱 책과 신문 읽기에 심취해 교과서는 학교 사물함에 모두 보관해 두고 등교 시에 신문만 들고 다녔다. 신문에 소개된 작은 광고 하나라도 읽고 또 읽었다. 그리고 마침내 대학생이 되어 이 모든 갈증을 대학 도서관에서 마음껏 해결하게 되었다. 신문, 시사잡지, 영상잡지, 수필, 소설 등 분야별 서적들을 마치 시험을 치르듯 꼼꼼히, 그리고 정성스레 읽기 시작했다. 많이 읽을 때는 일 년에 400권 정도 읽었던 것 같다.

그리고 당시 직장인이던 형의 회사에서 우수 아이디어를 제출한 사원에게 부상으로 지급했던 상품권도 책 구입에 커다란 도움이 되었다. 지금 생각해보니 성장과정에서 필요했던 순간에 이래저래 나에게 도움이 되었던 그 무엇이 항상 있었다. 직장인이 된 요즘은 그냥 모든 것을 편안한 마음으로 읽게 된다. 아무래도 직장인이다 보니 일 년에 150권 내외의 단행본을 읽고, 그 외 시사지, 일간신문, 영자신문을 1부씩 보고 있다. 그리고 구청도서관이 5분 거리에 있는 아파트로 이사도 했기에 독서에 대한 경제적, 심리적, 육체적 여유가 생겼다고 할 수 있다. 지금도 언제, 어디를 가더라도 항상 몇 권의 책과 신문을 가지고 다닌다. 그것들이 무겁다는 생각은 한 번도 해본 적 없다. 그보다는 문득 잠깐의 여유가 생겼을 때 책을 읽을 수 있는 행복과 그것을 통한 만족감이 더 크기 때문이다. 이런 나를 많은 인사들이 책을 통해 응원해주고 있는 듯하다.

신상훈(2010)은 『유머가 이긴다』에서 "사람이 만든 책보다 책이 만든 사람이 많습니다"라고 하였으며, 윤정은(2009)은 『하이힐 신고 독서하기』를 통해 "이십 대에 버는 돈은 네 돈이 아니다. 인생 수업 료라고 생각하면 된다. 그때 버는 돈은 어떻게든 새어 나가게 되어 있다. 네가 스스로 열심히 살아가며 일을 즐기면 돈은 따라오게 되어 있다. 돈을 따라가지 말고 돈이 너를 따라오게 해라. 네 스스로에게 투자하며 책 한 자, 신문 한 자라도 더 읽으려 노력해라. 그게 돈 버는 비법이다"라고 하였다. 그러니 일단 멈추고 무엇이라도 읽어 보자.

2

듣기

왜 '듣기'가 필요한가?
듣기란 무엇인가?
어떻게 들을까?

왜 '듣기'가 필요한가?

(취업이 되지 않아 고민 중인 S에게)

'해외로 눈 돌리는 청년 구직자들', '해외취업 어디가 좋을까', '가진 건 맨몸뿐', '취업률 전국 1위 …… 산업계가 뽑은 최우수대학' 최근 신문 및 시사잡지에서 접한 기사의 제목이다.

자발적으로 해외로 간다면, 능력이 충분하기에 해외로 취업 방향을 결정했다면, 더 큰 꿈이 있어 해외 취업을 결정한 것이라면 더없이 좋겠다. 그런데 현실은 그렇지 않다. 취업준비생들의 현실은 그리 녹록지 않다는 것이다. 대한민국에서 자신에게 적당한, 자신이 희망하는 일자리 하나 찾기가 어렵기에, 그것에 대한 한계를 이미 경험했기에 마지못해 해외로 나가야 하는 것이다. 그리고 일부 언론에서 그것을 부추기고 다소 과장되게 소개하고 있다.

취업준비생이라는 이름에서 알 수 있는 것처럼 무엇인가를 준비하는 사람이라는 것이 생각만큼 그리 간단하지 않다. 그래도 긍정적으로 생각해보면 준비할 대상은 분명하다. '취업'이라는 하나의 목표는 분명하게 설정된 상태이기 때문이다. 일반적으로 대학생인 경우 취업준비생 정도 되면 웬만한 준비는 이미 마친 상태일 것이다. 취업을 희망하는 회사의 정보도 충분할 것이고, 그곳에 입사하기 위한 나름의 준비도 차곡차곡 했을 것이다. 그런데 문제는 문턱에서 자꾸만 떨어진다. 물론 문턱 자체를 구경조차 해보지 못한 사람도 분명히 있을 것이다.

그럼 취업준비생들의 문제는 어디서 찾아야 할까. 왜 나보다 못하다고 생각하는 친구는 무난하게 입사하는 회사를 나만 떨어지는 것일까. 그것은 내 입장이 아닌 상대방의 입장에서 생각하기, 즉 잘 듣기가 전제되지 않았기 때문은 아닐까 생각한다. '잘 듣기'라고 하면 좀 어색하지만 '경청(傾聽)'이라고 하면 오히려 익숙할 것이다. 관련 분야의 책들도 많이 출판되어 베스트셀러가 되기도 하였으니 잘 듣는 것의 중요성을 잘 알고 있으리라 생각한다.

그렇다면 잘 듣기 위해서는 상대방의 관점, 주장, 의견에 대한 이해, 그것을 명확히 하기 위한 집중이 필요하다. 그것을 바탕으로 자신의 주장, 의견을 전달할 수 있어야 한다. 즉, 적절하게 반응하고 대응할 수 있어야 한다. 취업준비생들이 가장 많이 하는 실수 중에 하나는 나는 이렇게 저렇게 준비가 많이 된 우수한 사람이니 꼭 뽑으라는 것이다. 그러면서 자신의 살아온 이야기, 그중에서도 자신이 가장 자신 있어 하는 이야기, 하고 싶은 이야기를 한다. 그러면서 속으로 생각한다. 이제 이 회사는 합격한 것이고, 며칠이 지나면 첫 출근을 하고, 그 후 며칠이 지나 회식을 한다면, 장기자랑은 무엇을 준비해야겠다고. 그런데 며칠 후 들려온 회사의 답은 불합격이란다.

왜 그럴까. 그것은 말하려고만 했지 들으려 하지 않았기 때문이다. 하고 싶은 이야기를 했지, 해야만 하는 이야기를 못했기 때문이다. 회사의 입장, 관점에서 들으려 하지 않았기 때문이다. 회사에서는 사람을 채용하는 이유가 분명하다. 아무런 이유 없이 사람을 막 뽑지는 않는다. 회사는 가장 필요한 인재를 뽑아 그에게 막대한 경비를 투자하는 것이다. 그리고 그 이상의 이윤을 남기고자 한다. 바로 이것이 회사가 당신을 채용하는 이유이다. 당신이 잘하는 것을 해보라는 기회의 장이 아니라, 회사가 필요한 일을 잘해야 하는 사람을 뽑아야 한다는 것이다. 이는 신입사원 채용의 핵심이다. 그것이 회사가 취업준비생을 보는 현실적 관점이다.

이런 예를 한번 들어보자. 회사의 인사담당자는 몇 차례의 질문을 통해 당신의 친화력을 알고자 하는데, 당신은 회사에 도움이 된다고 생각하는 공모전 수상실적만 늘어놓는다면 결과는 뻔하다. 물론 당신은 화려한 공모전 수상실적을 이야기하고 싶을 것이다. 요즘 아무리 공모전이 흔하다고는 하지만 그래도 또래 대학생 중에 그리고 당신의 친구 중에 공모전에 입상한 사람이 그렇게 흔하지는 않기 때문이다. 그리고 그 공모전을 준비하면서 노력하고 고생했던 것을 생각하면 당신의 입장에서는 너무도 간절하게 알리고 싶을 것이다. 결국 공모전에 수상했다는 것은 나름의 경쟁력이 충분하다는 것을 알리는 좋은 방법일 테니까.

그런데 대학생 수준의 공모전에 입상한 사람은 사실 회사 내에 많다. 대학생 수준에서 뛰어난 것도 관련분야에서 수년째 종사하고 있는 직장인 수준에서 보면 그다지 훌륭하지 않은 것이 많다. 오히려 대학생이라는 신선함이라는 관점에서 앞으로 잘해보라고 격려성으로 상을 주는 경우도 있었을 것이다.

이제 직장인이 되면 처음부터 다시 시작하는 것이다. 공모전에 입사했다고 3년 차 대리보다 직급을 높여 과장이 되는 것은 아니다. 단지 당신이 가진 작은 장점 하나 추가하는 정도라 생각하자. 그럼 겸손해진다. 지나치게 겸손할 필요도 없지만 더 지나치게 자신만만, 거만할 필요는 없다. 대학교 신입생을 지나 2, 3학년 과정을 거쳐 취업준비생이 되기까지 많은 것을 준비했을 것이다. 그러니 이제 그것의 내실을 다지는 단계가 필요한 것이다. 많이 준비한 것을 상대방에게 표현하기 전 '잘 듣기', 즉 '잘 이해하기'가 필요한 것이다.

개인적 경험 두 가지만 소개하겠다. 나는 강원도 화천의 27사단 수색대대에서 군 생활을 했다. 요즘도 그렇지만 10년 전 전방부대의 군 생활이라는 것이 다소 거칠고 험난했다. 서로 다른 성장 배경을 가진 사람들이 좁은 공간에서 생활하다 보니 부딪힐 수밖에 없는 것이다. 20여 년을 서로 다른 지역과 환경 속에서 자유롭게 살아오다 어느 날 갑자기 사회와 격리된 군대에 왔으니 거기에 잘 적응하는 것이 오히려 이상하다. 이러한 어색하고, 낯설음을 전제하고 군대를 이해하고 생각해보자.

특히 내가 군 복무했던 곳은 수색대대라는 특성상 해병대, 특전사 이런 특수임무 부대의 이상하고, 요상한 악습들이 많이 남아 있었다. 그중에서 수색대만의 독특한 군가가 20곡은 되었는데 이것을 하루만에 암기하게 한다거나, 선임병들의 이름을 계급 순서대로 암기하도록 했고, 이등병은 항상 뛰어다녀야만 했다. 물론 이외에도 지금 생각해보면 이상하고 이해가 되지 않은 것들이 너무도 많았다.

그런 군 생활 속에서도 기억나는 사람이 있는데 내가 이등병일 때 심모 병장이다. 체격도 좋고, 뚝심도 있어 보이는 전라도 출신의 심 병장은 한 가지 특징이 있었다. 군 간부들이 무엇인가를 지시하거나 물어보면 항상 "잘 못 들었습니다" 이렇게 대답하는 것이다. 그러면 간부들이 항상 같은 이야기를 반복해서 해준다. 그게 군 생활의 기본이니까. 정확한 지시사항을 상급자로부터 전달받아 그것을 이행하거나 전달하는 게 군 생활의 기본 중의 기본이다.

그래서 예비역 대학생들이 가끔 수업시간에 복명복창을 하거나 "잘 못 들었습니다"라는 대답을 군 전역 초반에 하는 모습을 보이는 것이다. 심 병장의 그런 모습은 아직 군 생활을 얼마하지 않은 나조차 다소 이상하게 느껴졌다. 왜 심 병장은 같은 이야기를 다시 하게 만들까. 그냥 그 정도 군 생활 경험이면 대충 눈치껏 움직일 수 있을 텐데 왜 그것을 한 번 더 이야기하게 만들까 의아했다. 심 병장은 2~3번의 반복된 "잘 못 들었습니다" 때문에 가끔 간부들에게 곤혹을 치르는 경우도 있었다. 그래도 심 병장은 제대하는 그날까지 "잘 못 들었습니다"를 반복했다.

그가 제대하고 시간이 지나 군 생활을 계속하면서 어렴풋이 그가 왜 그랬을까 이해되는 부분이 있었다. 내가 근무했던 부대는 군기가 엄한 편이었고 특히나 간부들 중에는 특전사 출신이 많았다. 그러다 보니 지시사항에 대한 신속하고 정확한 이행을 무엇보다 강조했다. 처음에 지레짐작으로 눈치껏 적당히 했다가 나중에 부족한 부분이 발견되면 엄한 질책을 받았던 것이다. 심 병장은 남들이 보기에는 답답해 보였겠지만 자신만의 노하우로 군 생활을 능숙하게 했던 것이다.

나 또한 군 생활 초반에는 눈치껏 요령껏 지시사항을 이행했지만 군 생활이 익숙해질 무렵에는 오히려 간부들의 지시에 "잘 못 들었습니다"라고 말하게 되었다. 그러면 처음에는 간부들 또한 불편해하지만 보다 정확하고 자세한 지시사항이 전달되고 그것을 정확히 이행할 수 있었기에 결론적으로는 보다 합리적이고 효율적으로 일처리를 할 수 있었다. 상대방에게 반응하거나 대응해야 하는 듣기에서 대충 듣기는 없다. 눈치껏 요령껏 들어서 넘어가는 것은 없다. 그것은 임시방편일 뿐이다. 어떤 일이건 그것이 목표했던 것처럼 되게 하려면 정확하고 분명하게 상대의 의중을 파악하고 그것을 실천해 옮겨야 한다. 그것이 심 병장이 내게 준 듣기의 교훈이다.

얘기가 나온 김에 이번에는 류 병장 이야기를 하겠다. 앞에서 이야기한 심 병장보다 1~2개월 선임이었던 류 병장은 중대에서 병사들의 휴가, 근무일정 조정 등을 담당하는 인사업무 담당 행정병이었다. 그에 대한 나의 첫인상은 여드름이 가득한 얼굴에 전라도 사투리가 강한 작은 키의 전형적인 시골 사람이었다. 성격도 조용조용한 것이 수색대와는 다소 거리가 있어 보이기도 했다. 군 생활에서도 수색 정찰을 담당했던 나와는 전혀 연계 고리가 없었다. 그는 그저 부대의 선임 병사 중에 한 명 정도였다.

그런데 류 병장이 제대를 3개월 정도 남겨두었을 때 그의 후임자로 이제 막 일병(군 생활 7개월 정도 되었을 때)인 내가 지목되었고, 군대의 특성상 다음날부터 바로 인사업무를 배우게 되었다. 앞이 깜깜하고 두려웠다. 군 생활이라는 것이 계급으로 이루어지는데 겨우 일병 계급장을 단 신출내기 병사가 선임들의 근무일정을 조정하고 휴가 등을 담당하자니 심적 부담이 만만치 않았다. 그리고 당시 행정업무를 총괄하는 간부는 자신이 특전사 출신임을 강조하며 한 치의 실수도 용납하지 않는 황 상사였다.

류 병장은 처음에는 업무를 배워야 할 나에게 말조차 건네지 않았다. 단지 그동안 자신이 처리했던 문서와 근무일지를 살펴보라는 말 정도뿐이었다. 이후 나의 업무에 대한 두려움과 부담감을 알았는지 말조차 건네지 않던 류 병장은 다이어리 한 권을 건넸다. 사실 대학교 1학년을 마치고 바로 군 입대를 한 나는 다이어리를 쓸 일도 없었고 그것을 왜 써야 하는지도 몰랐다. 다이어리는 그저 여학생들의 일기장일 뿐이라 생각했었다. 한편으로는 업무를 보려면 무엇인가 손에 들고 다녀야 모양이 갖추어지는구나 정도로 생각될 뿐이었다.

그런 생각을 가지고 있던 차에 황 상사가 행정병들의 회의를 소집하였고, 나도 차기 업무 담당자로서 한 귀퉁이에 앉게 되었다. 황 상사는 일장 연설과 함께 이런저런 지시사항들을 전달하였고, 회의는 1시간여 정도 계속되었던 것 같다. 나는 속으로 군대가 총만 쏘고, 특공무술만 잘하면 되는 것이 아니라 이런 업무를 하는 사람들도 있었구나라는 생각만 하고 있었다. 그런데 회의가 끝난 후 류 병장의 한마디가 나를 당황스럽게 했다. 회의 중간에 황 상사가 앞으로 있을 중대 훈련 일정을 고려하여 근무를 어떻게 조정하라고 했느냐는 질문이었다.

사실 나는 그저 업무 후임자로 참석했을 뿐이고 아직은 류 병장이 업무를 처리하고 있으니 크게 관심을 기울이지 않았다. 그런 참에 류 병장이 그런 질문을 하니 그저 당황스럽고 난처할 뿐이었다. 그날 류 병장은 나에게 질문만 할 뿐 답을 구하지 않았다. 아니 나는 대답을 못했다. 그는 나에게 그저 알겠다고만 했다. 그리고 다음날 딱 한마디 건넸다.

세상에 머리 좋은 사람은 많다. 그러나 아무리 머리가 좋아도 상대방의 모든 이야기를 다 기억할 수는 없다. 긴장하고 집중해서 들어도 시간이 지나면 그것은 조금씩 잊혀진다. 그게 세상 이치다. 자신은 머리가 나쁘다. 그래서 제대가 얼마 남지 않은 병장임에도 더 집중해서 듣고, 더 긴장하고 듣는다. 그것이 한 치의 실수도 용납하지 않는 황 상사 밑에서 군 생활을 잘하는 방법이라는 것이다. 얼차려를 생각했던 나에게 류 병장은 다소 퉁명하지만 잘 듣기, 관심 있게 듣기의 중요성을 재차 강조했다.

그리고 한마디 더 보탰다. 어제 자신이 준 다이어리에 앞으로 회의의 모든 내용을 쓰고, 시간이 될 때마다 살펴보라는 것이다. 잘 듣기가 기본이지만 그것은 반드시 한계가 있으니 메모하는 습관을 가지라는 것이다. 군 생활이라는 것이 매우 특수한 까닭에 반복되는 일상이지만 방심하지 말라는 것이다. 부족한 군 생활 경험을 가지고 선임 병사들을 상대하는 것은 열심히 듣고, 그것을 더 열심히 메모하고, 정확히 실천하는 것이라고 했다.

본인은 잘 모르겠지만 지금 생각해보면 류 병장은 20대 이후의 내 삶에 많은 영향을 끼친 사람이다. 회사원이 된 지금, 나는 여전히 회의 중 열심히 듣고 중요사항을 자세히 메모한다. 그리고 앞으로 해야 할 일들을 다이어리에 일자별로 기록한다. 한 달이 지나면 지난달 중요했던 일들을 생각하고, 소중한 만남을 정리한다. 그리고 일 년이 지나면 불필요한 모든 것들을 정리하고 간직할 필요가 있는 것들은 다이어리에 추가하여 보관한다. 듣기로 시작된 작은 습관을 통해 시간을 보다 효율적이고 합리적으로 쓸 수 있게 되었다.

누구에게나 시간은 무한하지 않다. 유한한 시간 속에 무한한 행복을 추구하는 것이 우리의 삶이다. 어쩌다 보니 듣기의 중요성을 이야기한다는 것이 군 생활에서의 심 병장, 류 병장과의 에피소드를 소개하게 되었지만 그것은 아마도 군이라는 매우 특수한 상황에서 듣기에 대한 소중함이 더 간절하고 절실했기 때문일 것이다. 일상에서도 상대방을 파악하는 시작은 잘 듣기일 것이다. 듣기에 대한 방법 및 경험은 '듣기' 부분에서 좀 더 구체적으로 소개하고자 한다.

듣기란 무엇인가?

[듣다]

「1」 사람이나 동물이 소리를 감각 기관을 통해 알아차리다

「2」 다른 사람의 말이나 소리에 스스로 귀 기울이다

「3」 ('말', '말씀' 따위를 목적어로 하여) 다른 사람의 말을 받아 들여 그렇게 하다

「4」 ('말' 따위를 목적어로 하여) 기계, 장치 따위가 정상적으로 움직이다

[유의어] 경청하다, 맞다, 받다

[Listen]

「1」 (귀 기울여) 듣다, 귀 기울이다

「2」 (남의 충고 등을) 듣다

「3」 (내 말을) 들어 봐

[聞(들을 문)]

「1」 듣다

「2」 (소리가) 들리다

「3」 알다, 깨우치다

[단어]

「1」 新聞(신문): ① 새로운 소식(消息) ② 새로운 소식(消息)이나 비판(批判)을 신속(迅速)하게 보도(報道)하는 정기간행물(定期刊行物)

「2」 所聞(소문): 들려오는 떠도는 말

「3」 見聞(견문): 듣거나 보거나 하여 깨달아 얻은 지식(知識)

[고사성어]

「1」 聞一知十(문일지십): 한 가지를 들으면 열 가지를 미루어 안다는 뜻으로, 총명(聰明)함을 이르는 말

「2」 百聞不如一見(백문불여일견): 백 번 듣는 것이 한 번 보는 것만 못 하다는 뜻으로, ① 무엇이든지 경험(經驗)해 보아야 보다 확실(確實)히 알 수 있다는 말 ② 간접적(間接的)으로 듣기 만하면 암만 해도 직접(直接) 보는 것보다는 확실(確實)하지 못하다는 말

「3」 見聞一致(견문일치): 보고 들은 바가 꼭 같음

「4」 今始初聞(금시초문): 이제야 비로소 처음으로 들음

「5」 見聞覺知(견문각지): 보고 듣고 깨달아서 앎

어떻게 들을까?

01 | 일단 귀를 열어라

사람은 입이 하나에 귀가 두 개니 듣기가 더 중요한 것일까. 아니면 두 번 듣고 한 번 말해야 하니 말하기가 더 중요한 것일까. 어찌 되었건 말하기 못지않게 듣기는 매우 중요하다. 그렇다면 듣기의 시작은 무엇일까. 일단 귀를 열어두는 것이다. 그것이 시작이다. 주변에서 일어나는 작고 사소한 일에도 관심을 가져보자. 그리고 한번 들어보자.

나의 경우 업무 관련 회의를 진행할 때 첫 모임에서는 가능한 많이 들으려 한다. 즉, 회의 참석자들에게 발언 기회를 최대한 많이 주는 것이다. 그들의 발언을 통해 회의 참석자들의 전문성을 알 수 있을 뿐 아니라 개인적 성향도 어느 정도 파악할 수 있다. 듣고만 있어도 앞으로 진행될 회의의 절반 정도는 이미 끝낸 것이다. 일반적인 회의의 목적은 관련분야 전문가들의 역량을 최대한 활용하여 목표하거나 달성하고자 하는 바를 효율적으로 도출하기 위한 것이기 때문이다.

기동민 외(2010)는『그런 사람 없어요 기동민』에서 "8등신(身)의 육체보다 더욱 큰 8등심(心)의 마음을 가졌다. 자신감, 희망, 여유, 믿음, 신념, 열정, 유머 그리고 경청"이라고 하면서 귀를 열고 듣는 '경청'의 중요함을 강조하고 있다. 그리고 최지안(2006)은『여자의 발견』에서 "내가 좋아하는 일은 열심히 해서 꼭 1등을 하자. 좋아하지 않아도 꼭 해야 할 일이라면 최선을 다하고 책임을 지자. 내가 싫어하는 일이라도 욕먹을 짓 하지 말고 중간은 하자!"라고 하였다. 우리의 삶이 때로는 싫어하는 일도 해야 될 때가 있는 것처럼 듣기 싫은 소리도 들어야 할 때가 있다. 그저 귀를 열고 열심히 들어보자. 그러면 문득 그 속에 생각지 못한 해결책이 있을 수 있다.

정희준(2009)은『어퍼컷』을 통해 "원래 다저스는 가장 먼저 인종의 벽을 허물어버린 팀이다. 1949년(브루클린 다저스 시절) 메이저 리그(Major League Baseball: 미국 프로야구, '빅 리그'라고도 한다) 최초로 흑인인 재키 로빈슨을 출전시켰고 1980년대엔 라틴 열풍을 몰고 온 페르난도 발렌수엘라를, 1995년엔 최초의 동양인인 일본인 노모 히데오를 팀의 간판으로 키웠다. 이 때문에 '인종의 벽을 허물었다'는 찬사와 '인종 문제를 마케팅에 활용한다'는 비난을 동시에 받기도 했다"라고 소개하고 있다.

때로는 비난의 소리를 들을 수도 있다. 듣기 좋은 소리만 들으려 하지 말고 귀를 열고 일단은 듣자. 그것이 시작이다(물론 다저스의 인종 마케팅에 대한 가치판단은 독자의 몫이다).

세상만사 귀 기울여라

오늘 하루를 곰곰이 돌아보면 참으로 다양한 일들이 많았다. 아침에 일어나 이런저런 일들을 하고 저녁에 집으로 돌아오기까지 버스에서, 지하철에서, 수업시간에, 직장에서 그리고 집으로 돌아와 TV 프로그램을 시청하기까지 들어야 하고 때로는 들리는 것들이 너무나 많다. 때로는 집중해서 들어야 하는 것도 있고 때로는 다른 일들을 하면서 문득문득 들어도 충분한 것들이 있다. 일단 무엇인가를 듣는다는 것은 그것에 관심을 가진다는 것이다. 세상만사 귀 기울이고 관심을 가지면 들리기 시작한다. '관심(關心)' 그것이 듣기의 시작이다. 그리고 더 거슬러 올라가면 '침묵(沈默)' 그 또한 듣기의 시작이다. 침묵을 통한 관심이 있을 때 자연의 소리에서부터 사람들의 주장까지 다양한 소리들이 들리기 시작할 것이다.

나의 경우 버스나 지하철을 이용할 때 가끔은 눈을 감고 귀를 세워본다. 그러면 평상시 잡담 또는 잡음처럼 들리던 소리가 문득 한 사람의 삶의 모습 중 하나처럼 나름의 의미를 띄기도 한다.

천정배·차병직(2007)은 『여기가 로도스다, 여기서 춤추어라』에서 미국의 연방대법원 판사를 지낸 법사상가 올리버 웬들 홈스의 말을 인용하며 "말하는 것은 지식의 영역이며, 듣는 것은 지혜의 특권이다"라고 하였다. 그리고 케빈 리(2010)는 『마케팅 성공사례 상식사전』을 통해 "소비자는 브랜드 이름이 단순할수록 잘 기억한다. 단순하다는 것은 글자 수가 적다는 것이며, 글자 수가 길어도 자음과 모음을 나타내는 자모가 반복된다면 단순하게 느껴진다. 예를 들어, 글자 수 4개인 코카콜라는 자모 4개(ㅋ, ㄹ, ㅗ, ㅏ)로 이루어져 있지만 똑같이 글자 수 4개인 펩시콜라는 자모 9개(ㅍ, ㅂ, ㅅ, ㅋ, ㄹ, ㅔ, ㅣ, ㅗ, ㅏ)로 이루어져 코카콜라보다 훨씬 복잡하게 느껴진다"라고 하였다. 사실 우리도 모르는 사이에 상대방(기업)의 의도에 의해 선택적으로 듣고 있었던 것이다.

마지막으로 EBS <최고의 교수> 제작팀(2010)의 『최고의 교수』에서는 에릭 호퍼(Eric Hoffer)를 인용하며 "교육의 주요 역할은 배우려는 의욕과 능력을 몸에 심어주는 데 있다. '배운 인간'이 아닌 '계속 배워 나가는 인간'을 배출해야 하는 것이다. 진정으로 인간적인 사회란 조부모도, 부모도, 아이도 학생인 배우는 사회이다"라고 하였다. 교육뿐만 아니라 듣기 또한 '계속 해나가는 인간'이 되어야 한다.

03 | 흘려들을 이야기는 없다

집중하자. 일단 듣기 시작했다면 집중해서 들어보자. 무엇인가 간절한 마음으로 듣는다면 처음에 생소하던 내용들도 차츰 들릴 것이다. 때로는 모든 내용을 듣기 어려울 수도 있다. 그러나 작은 소리에 집중해서 듣기 시작하면 큰 개념이 이해될 것이다. 반대로 작고 사소한 것을 놓치면 큰 그림을 망칠 수도 있는 것이나. 상대방은 절박하고 절실한 마음으로 최선을 다해 말하고 있는데 이를 건성건성 이미 다 알고 있다는 듯 듣는다면 그것은 말하는 사람에 대한 예의가 아닌 것이다.

조금 다른 얘기지만 나의 경우 상대방의 이야기를 들을 때 그의 코를 본다. 그리고 귀를 세워 집중한다. 보통의 경우 눈을 보라고 하지만, 내 경우는 눈을 보게 되면 이야기에 집중이 되질 않아 불가피하게 선택한 나름의 고육지책이다. 그렇게 일단은 상대방의 이야기를 많이 듣는다. 그러면 내가 질문하고자 했던, 궁금했던 이야기를 상대방이 먼저 언급할 수도 있다. 그러니 흘려들을 이야기는 없는 것이다.

이지훈(2010)은 『혼·창·통 당신은 이 셋을 가졌는가?』에서 "어느 날 신문을 보던 남편이 아내를 불렀다. '여보, 이것 좀 봐, 여자들이 남자보다 2배나 말을 많이 한다는 통계가 실렸네! 남자는 하루 평균 1만 5,000단어를 말하는데, 여자들은 3만 단어를 말한다는 거야!' 이 말을 들은 아내가 말한다. '남자들이 워낙 여자 말을 안 들으니까,

여자들이 늘 똑같은 말을 두 번씩 하게 되잖아요. 그러니까 2배지!' 3초 후에 남편이 아내를 향해 다시 묻는다. '뭐라고?' 경청이 이루어지지 않는 상황을 희화해서 보여준 사례이다"라며 일화를 통해 듣기가 제대로 이루어지지 않은 까닭을 알기 쉽게 소개하고 있다.

또한 이고운영(2009)은 『진심, 마음을 다하라』에서 "미용실 가서 '아줌마파마해주세요'라고 말하면 그야말로 아줌마 파마인 일명 '뽀그리 파마'를 해주지만, '아줌마, 파마해주세요'라고 끊어 말하면 내가 원하는 파마가 나온다는 우스갯소리가 있다. 상대방이 내 말을 잘 알아들을 수 있도록 끊어 말하는 훈련은 이래서 중요하다"라고 하였다. 물론 '잘 말해야' 하지만 상대방의 입장에서 '잘 듣기'도 필요한 것이다.

그리고 최경원(2010)은 『디자인 읽는 CEO』에서 "축구를 보면 같은 유니폼을 입었다고 해서 다 같은 선수가 아니란 것을 알 수 있다. 사각의 푸른 잔디 위를 뛰어다니는 것은 똑같지만 각자 맡은 임무와 역할이 다르다. 말하자면 포지션이 다르다. 요즘이야 토털 사커라는 전술 때문에 모든 선수들이 공격할 때는 공격을, 수비할 때는 수비에 나서기도 하지만 그렇다고 해서 공격수와 미드필더, 수비수의 역할이 뒤집어지는 경우는 없다. 공격수는 끊임없이 최전선에서 골대를 노리며, 미드필더는 허리를 든든히 지키며 공수를 조율하고, 수비수들은 일자라인을 그으며 후방을 탄탄하게 막아야 한다. 그리고 이 모든 선수들이 호흡이 잘 맞아 조직력 있게 게임을 운영해야 이길 수 있다"라고 하였다.

이를 듣기에 적용하면 듣기 또한 전체적 관점에서 어느 것 하나 소홀함이 없어야 한다.

점쟁이처럼 예측해 보아라

점쟁이처럼 미래를 보고 예측하는 능력이 있다면 얼마나 좋을까. 그럼 세상살이 정말 편할 것이다. 앞으로 무슨 일이 언제, 어디서, 어떻게 일어날지 안다면 두려울 게 무엇일까. 듣기도 마찬가지다. 우리가 흔히 '예지력(豫知力)'이라고 하는 것처럼 상대방이 무슨 이야기를 할지 예측해 보는 것이다. 한 가지 방법은 듣기에 '논리적 상상'을 활용하는 것이다. 지금까지 상대방이 말한 것을 바탕으로 앞으로 어떤 이야기를 할지 생각하며 듣는 것이다. 그럼 가끔은 점쟁이가 될 수도 있어 좀 더 적극적인 듣기가 가능해 이야기에 보다 흥미를 가질 수 있다.

나의 경우 타인의 말하기(내 입장에서는 듣기)에서 첫 문장 또는 서론 부분에 보다 더 집중하는 편이다. 그리고 이를 통해 앞으로 전개될 이야기를 예측하고 들어본다. 간혹 나의 예측과 일치하지 않는 경우도 있지만 이러한 방법은 듣기에 대한 긴장을 재미로 변환하여 일정수준의 집중과 몰입을 유지할 수 있다.

다치바나 다카시 외(2007)는 『읽기의 힘, 듣기의 힘』에서 "앞서 사회자께서 나의 약력을 소개해 주셨는데, 그때 나는 생각했습니다. 가와이 하야오는 1928년에 태어나 1950년에 교토대학을 졸업하였다, 그리고 기타 등등 소개가 이어졌는데 주욱 듣다 보면 '이제 가와이 하야오에 대해 알겠다'는 생각을 하게 될 것입니다. 나는 이때 들은 것만으로 나를 '알았다'고 여기는 생각이 너무나 두렵습니다. 태어나고 대학을 졸업한 그 사이사이에도 제게 얼마나 많은 중요한 일들이 있었겠습니까?"라고 하였다. 즉, 지금까지 들은 내용들에 한계가 있으며 그것이 전부는 아니니 듣기에 있어 막연하게 추측하고 한정지으면 안 된다는 교훈을 준다.

김도윤·제갈현열(2012)은 『날개가 없다, 그래서 뛰는 거다』에서 "『삼국지』를 보면, 관우가 오나라에 의해 죽음을 맞자 유비가 70만 대군을 일으켜 오나라를 치는 장면이 나온다. 이때 제갈량은 지금 오나라를 침공해선 안 되는 7가지 이유를 들어 유비를 설득했으나 유비는 자신의 뜻을 굽히지 않았다. 특히 관우의 의형제 장비는 전쟁이란 무릇 부딪쳐봐야 아는 것이고 승기란 투심(鬪心)으로 만들어진다며, 길고 짧은 것은 대봐야 아는 것 아니냐며 제갈량을 타박했다. 이에 제갈량은 하늘을 보고 크게 탄식하며 다음과 같이 말을 했다. '길고 짧은 것을 대봐야 아는 것이 장수의 그릇이라면, 길고 짧은 것을 대보기 전에 아는 것, 그것이 군사(軍師)의 역할이자 군주의 그릇이거늘……' 결국 70만 대군은 대패하고 유비는 백제성에서 죽음을 맞고 만다"라고 하였다. 상대방의 이야기를 잘 듣고 그것을 바탕으로 앞으로의 미래를 예측할 수 있어야 진정한 지도자라는 것이다.

그리고 이계경(2007)은 『세상을 바꾸는 신나는 리더』에서 "'나는 신문 없는 정부보다, 정부 없는 신문을 택하겠다' 미국의 독립 선언문을 작성하고 제3대 대통령을 역임한 토마스 제퍼슨은 정부보다도 오히려 신문의 중요성을 높이 사며 다음과 같이 말한 적이 있다"고 하였다.

신문은 사회 구석구석의 다양한 가치에 귀 기울여 이를 기사화하

여 사회의 발전적 변화를 유도하고자 하기 때문에 예측을 위한 주요
한 매체로써의 가치가 충분하다.

05 | 퍼즐조각을 맞춰라

　　가끔은 한 사람이 가진 정보만을 가지고는 전체적인 논리적 이해가 분명하지 않은 경우가 있다. 그럴 때는 A라는 사람이 한 이야기, B라는 사람이 한 이야기, 이렇게 C, D…… 모든 사람의 이야기를 종합해야 한다. 개별적으로 들은 내용들을 퍼즐조각 맞추듯 맞추어보자. 그러면 상황에 대한 전체적인 이해가 가능할 것이다.

　　나의 경우(대부분의 일반적인 경우도 그렇지만) 눈으로 직접 확인되지 않은 정보 또는 자료의 신뢰 수준은 현저히 낮은 편이다. 그런 까닭에 자료에 대한 확인과 검증 및 논리적 인과관계를 더 고집하는 편이다. 단편적 정보를 모으고 이를 유기적으로 연계할 수 있을 때 개별 정보 또는 자료들에 대한 신뢰를 인정한다는 것이다.

　　고승덕(2004)은 『포기하지 않으면 불가능은 없다』에서 "멀리서 보이는 산은 아름답고 산 밑은 경사가 완만하지만 산은 오를수록 험해지고 힘이 든다. 고시 합격기 중에는 힘들었던 과정은 생략한 채, 여유와 낭만을 즐기면서도 합격할 수 있다는 느낌을 주는 것도 있다. 요즘 방송에는 '편집하다'는 말이 유행하는데, 그런 합격기는 자기 기억을 편집한 것이라고 단언할 수 있다. 고시 준비를 하면서 방황하는 기간이 나중에 낭만적인 추억으로 기억될지는 몰라도 방황하는 동안은 정신적으로 엄청난 고통을 받게 된다"라고 하였다. 퍼즐 조각 맞추기에서도 마지막까지 찾기 어려운 한 조각이 있지만 완성하고 나면 그 노력은 쉽게 잊히는 것과 같은 이치다.

그리고 김헌식(2009)은 『복종하며 지배하라』에서 "세계적인 지휘자 레너드 번스타인은 기자 간담회에서 '오케스트라의 수많은 악기 중에서 가장 지휘하기 힘든 악기가 무엇인가'라는 질문을 받았다. '저는 세컨드 바이올린 연주자를 지휘하기가 가장 어렵습니다. 퍼스트 바이올린을 잘 연주하는 사람은 많습니다. 하지만 퍼스트 바이올린과 같은 열정과 관심을 가지고 세컨드 바이올린을 연주하는 사람은 드물어요. 세컨드 바이올린은 퍼스트 바이올린의 음에 화음을 입히는 역할을 하죠. 만약 아무도 세컨드 연주자가 되기를 원하지 않는다면 제아무리 훌륭한 작곡가나 지휘자라고 해도 아름다운 음악을 만들어내지 못할 것입니다'"라고 하였다. 전체적으로 보면 의미 없어 보이는 것들도 개별적으로 보면 모두 존재의 이유가 있는 것이다.

마지막으로 박태현(2012)은 『팀으로 일하라』를 통해 "팀워크, 즉 '약속된 플레이'에 대해 말할 때면 항상 국내 항공사의 승무원 팀이 연상된다. 그들의 기내 서비스에는 감탄하지 않을 수 없다. 폭이 50센티미터밖에 되지 않는 복도에서 승무원 팀의 완벽한 움직임은 차라리 마술에 가깝다. 서두르지 않으면서도 필요한 때 정확하게 움직이는 승무원들. 실수는 거의 찾을 수 없으며 이들이 제공하는 서비스는 기대 이상이다. 장시간 운행하는 항공기에서 피곤할 법도 한데 이들의 얼굴에는 웃음과 여유가 넘친다. 모르긴 해도 이것 또한 그들이 사전에 정하고 따르는 '약속된 플레이'일 것이다. 이들이 수행하는 모든 일들은 자기 완결적이며 협력이 필요한 상황에서는 마치 한 몸처럼 움직인다"라고 하였다.

즉, 유기적으로 움직여 큰 그림을 그린다는 것이 얼마나 중요한지 보여주는 승무원의 사례처럼 듣기도 그렇게 진행되어야 한다.

06 | 메모하며 들어보자

        상대방의 이야기를 단지 머릿속으로 듣고 이해하는 것에는 한계가 있다. 물론 짧은 이야기 정도는 머릿속으로(별다른 메모 없이도) 충분히 이해 가능할 것이다. 그렇지만 30분이 훌쩍 넘어가는 학술 세미나라면 처음에는 듣는 것만으로도 충분히 이해 가능했던 내용들이 시간이 지날수록 앞에서 무슨 이야기를 했는지 기억나지 않을 수 있다. 이런 까닭에 중간 중간 발표의 핵심 단어를 메모해 두어야 한다. 그래야 상대방의 발표가 끝난 후 기록해둔 메모만으로 기억을 재구성해 전체적인 이해를 가능하게 할 수 있다.

    약간의 요령을 알려 준다면 나의 경우 단어 위주로(정말 필요한 경우 짧은 문장 등으로) 메모한다. 글씨 자체가 악필인 이유도 있지만 상대방의 말하기를 듣고 옮기는 경우 그 속도차로 인한 한계가 분명하기 때문이다. 그리고 모든 내용을 전문 속기사처럼 옮긴다는 것은 어차피 현실적으로 불가능하기도 하다.

    나승연(2012)은 『나승연의 프레젠테이션』에서 공자(Confucious)의 말을 인용해 "들으면 잊는다(I hear and I forget), 보면 기억한다(I see and I remember), 행동하면 이해한다(I do and I understand)"라고 하였다. 듣기보다 보고 행동에 옮기는 것이 더 중요함을 강조한 것이다.

    고도원(2010)은 『잠깐 멈춤』을 통해 "손이 빠르다는 것은, 단지 실력이 뛰어나거나 노련한 것만을 뜻하지 않는다. 이제 그 일을, 그

의미를 꿰뚫고 있다는 뜻이다. 잘 준비되어 있다는 뜻도 된다. 또 자신이 해야 할 일을 미루지 않고 제때에 해내는 것도 포함된다"라고 하였다. 듣기에서도 메모를 열심히 하는 빠른 손이라면 상대방을 꿰뚫어 볼 수 있을 것이다.

박성후(2010)는 『포커스 씽킹』에서 "제2차 세계대전 당시 미 육군에서는 장병들을 단기간에 훈련시킬 수 있는 교육시스템이 필요했다. 그래서 국방성이 오하이오주립대학교의 프랜시스 로빈슨 박사에게 그러한 시스템 개발을 의뢰해 만들어진 것이 SQ3R이다. SQ3R은 'Servey(개관)-Question(질문)-Read(읽기)-Recite(음미)-Review(복습)'의 프로세스로 이루어져 있다"라고 하였다.

이는 듣기에 대한 단순한 메모의 수준을 넘어선 실천적 학습법이라 하겠다.

07 | 머릿속 형광펜을 들어라

　　상대방의 이야기를 모두 듣고 기억하면 좋겠지만 사실 그렇게 하기에는 시간, 장소 등 여러 가지 제약이 있을 수 있다. 그런 까닭에 때로는 선택적으로 필요한 부분만 들은 후 중요하다고 생각되는 부분을 강조해서 기억하는 것이다. 학창시절 시험공부를 할 때 중요부분을 형광펜으로 표시하고 다음에 그 부분만 집중적으로 공부하는 것처럼 듣기에도 중요부분에 대한 선택적 강조가 필요하다.

　나의 경우 상대방이 반복적으로 이야기하는 내용, 중요하다고 재차 강조하는 내용, 그리고 내가 중요하다고 판단하는 내용으로 나누어 머릿속에 기억한다. 인간의 기억은 한계가 있음을 분명히 인식하고 이렇게 세 가지로 분류하여 나만의 방식으로 접근하는 것이다.

　로버트 루트번스타인·미셸 루트번스타인(2007)의 『생각의 탄생』에서는 "사람들은 그토록 숱하게 욕조에 들어가면서도 몸을 담글 때 수면이 높아지는 것을 중요하게 생각하지 않았다. 물질의 비중이 배수량과 관련 있음을 간파한 사람은 수학자 아르키메데스였다. 많은 사람들이 망치질을 했지만 그 소리를 유념해서 듣지는 않았다. 쇠막대기건, 마림바의 나무키건, 첼로의 현이건 간에, 물체의 길이가 음의 높낮이와 관련이 있음을 맨 처음 알아낸 것은 대장장이의 망치질 소리를 주의 깊게 듣고 있던 피타고라스였다"라고 하여 동일한 반복적 상황에서도 집중과 관심을 통해 인류의 위대한 발견이 가능함을 소개하고 있다. 또한 "진정한 의미에서 추상화란 현실에서 출발하되, 불필요한 부분을 도려내 가면서 사물의 놀라운 본질을 드러나게 하는 과정이라고 할 수 있다. 그러므로 우리가 궁극적으로 할 일은 추상화 자체의 본질을 찾아내는 것이다"고 하여 본질을 찾아가는 것에 대한 중요성을 강조하고 있다.

박칼린(2010)의 경우 『그냥, 달』에서 "우리가 무대에 섰을 때 객석에서 박수가 나올지 야유가 나올지는 모릅니다. 하지만 여러분 모두 프로처럼, 움직이지 말고 자기 자리에서 기다려야 합니다. 그게 1분이 됐든, 10분이 됐든 여러분은 프로답게 당당히 서 있어야 합니다. 아무 말 없이 그 어떤 흐트러짐도 없이, 꼼짝 말고 집중하면서 기다려야 합니다"라고 함으로써 프로의 자세를 소개하고 있는데, 듣기도 프로가 되려면 중요한 것과 그렇지 않은 것을 잘 구별할 수 있어야 한다.

마지막으로 지윤정(2010)은 『10년 차 선배가 5년 차 후배에게』에서 "영화 <주유소 습격사건>에서 무대포(유오성 분)는 '난 10명이든 100명이든 무조건 한 놈만 패!'라고 말한다. 여러 명에게 단순한 충격을 주는 것보다 한 명에게 치명적인 외상을 주어야 한다는 것이다. 망치보다 송곳이 관통할 수 있는 이유는 집중하기 때문이다. 집중하면 뚫을 수 있다. 일품 요릿집과 학교 앞 분식집의 차이는 집중과 선택의 차이다. 선택하면 핵심이 명확하고 집중하면 호소력이 높아진다"고 하였다.

선택과 집중의 힘을 아주 쉽게 소개한 사례라고 하겠다.

08 | 적극적으로 들어보자

인간은 궁극적으로 알고 싶은 만큼 알 수 있고, 듣고 싶은 만큼 들을 수 있다. 소리 없는 세상은 없다. 학창시절 공부를 할 때 교과서만 보느냐, 아니면 교과서에 참고서까지 보느냐, 그렇지 않으면 교과서에 참고서에 개인 학습 자료까지 추가로 보느냐에 따라 개인의 학업성적에 차이가 나는 것처럼 듣기라는 행위도 단순히 수동적으로 듣기만 할 것인지, 들은 내용과 관련된 추가 자료를 조사하고 확인하는 등 보다 적극적으로 듣는지에 따라 분명한 차이가 있다.

나의 경우 들으며, 메모하고, 중간 중간 점검하고 재차 확인한다. 중요한 듣기라면 이것의 정도는 더해지고 그 간격은 짧아진다. 필요하다면 듣기가 끝난 이후 질문의 과정을 통해 이해가 명료하지 않았거나 오해의 소지가 있는 부분을 적극적으로 수정하고 보완하기도 한다.

시사저널 엮음(2012)에서는 『2012 대선, 누가 한국을 이끌 것인가』를 통해 "관리는 정해진 시간 내에 정해진 돈으로 정해진 임무를 완수하는 능력입니다. 일이 중심입니다. 반면 리더십은 각 구성원의 적극적이고 자발적 협조를 이끌어내는 것입니다. 사람이 중심입니다. 리더는 철학, 비전, 실행 능력을 가져야 하고, 이 중 하나라도 없으면 구성원이 불행해집니다. 또한 21세기 리더십은 지위가 아니라 구성원으로부터 나오고, 커뮤니케이션의 반 이상은 듣기라는 것을 알아야 합니다"라며 리더가 되고자 하면 반드시 듣기가 필요함을 강조하였고, 이보연(2009)은『CEO가 갖추어야 할 조건』에서 마쓰시타 고노스케, 前 마쓰시타전기 회장의 말을 인용해 "감옥과 수도원의 차이가 있다면 불평을 하느냐, 감사를 하느냐는 것뿐이다. 감옥이라도 감사하면 수도원이 될 수 있다"고 하였다. 즉, 주어진 상황을 받아들이는 사람의 의지에 따라 결과에서 많은 차이가 난다는 것이다.

이상돈(2011)은『조용한 혁명』을 통해 "국회는 궁극적으로 '다수결'에 의해 움직이는 조직이고, 법률은 국회의 다수결로 제정된다. 따라서 '다수결'은 민주주의의 기초이다. 국회의 다수결로 채택된 법률이 사회를 지배하는 현상을 흔히 '법치주의'라고 부른다. 그러나 이런 해석은 반(半) 정도만 맞는 말이다. 우리의 민주주의는 헌법에 기초하고 있는데, 만일 다수결이 그렇게 만능이라면 성문(成文) 헌법은 존재할 필요가 없다. 실제로 우리 헌법은 다수결을 견제하는 장치를 많이 심어 놓았다. 대통령은 국회가 다수결로 통과시킨 법안을 거부할 수 있으며, 대통령이 서명한 법률은 헌법재판소에 의해 무효로 판결될 수 있다. 헌법재판소가 법률을 위헌(違憲)으로 판결하는 경우에는 전체 재판관의 2/3가 찬성하도록 해서 소수 재판관이 위헌 판결을 막을 수 있게 했으니, 이 또한 단순 다수결에 대한 불신(不信)이 표현된 것이다. 국회가 대통령을 탄핵하기 위해선 2/3의 찬성이 필요하도록 한 것 역시 단순 다수결이 위험할 수 있음을 인정한 것이다"고 하였다.

세상 모든 제도가 그렇듯 다수의 주장이라고 해서 언제나 완벽할 수는 없는 것처럼 듣기 또한 끊임없이 완벽을 추구하되 가끔은 한계를 생각하자.

09 선택적으로 들어보자

상대방의 말 한마디 한마디에 집중하여 그 의미를 이해하는 것이 가장 좋겠지만 사실 그렇게 듣는다는 것은 매우 어렵다. 그런 까닭에 때로는 선택적 듣기가 필요하다. 상대방이 말하고자 하는 이야기 중에서 상대적으로 중요하다고 판단되는 이야기를 집중해서 듣는 것이다. 그리고 때로는 상대방이 말하는 중에 '이것은 매우 중요한 것으로……', '결론은……' 등과 같은 표현이 있다면 이는 전체 이야기 중에서 보다 집중해서 들어볼 가치가 있는 것이다. 단, 조심해야 할 것은 인간이 환경을 인지할 때 자신이 기대하는 것과 일치하는 것만을 인식하는 경향이 있음을 의미하는 '선택적 인지(selective perception)'와는 구별되어야 한다는 점이다.

나의 경우 시간적 제약이 있을 때 선택적 듣기를 한다. 예를 들어 국제인재포럼에서 특정 주제를 세션을 구분하여 진행한다면 사전에 듣고 싶은 강사를 찾아보고 서론과 결론으로 구분하여 A세션에서는 서론을, B세션에서는 결론을 듣는 경우다. 물론 전체적인 이해에서는 상대적 한계가 있겠지만 불가피하게 두 가지 모두를 듣고 싶은 경우 선택한다.

천정배·차병직(2007)은 『여기가 로도스다, 여기서 춤추어라』에서 "역시 스위프트의 '걸리버 여행기'에서 한 대목을 가져다 보면 마찬가지 얘기가 있습니다. '변호사들의 사회에는 그들만이 사용하는 특별한 암호와 은어가 있다. 그들은 다른 사람들이 알아들을 수 없는 언어를 사용한다. 법률 자체도 그런 언어로 쓰여 있다. 그들은 잘 알아듣기 어려운 용어를 매우 적절하게 사용한다. 그 말들을 가지고 진실과 허위, 옳은 것과 틀린 것에 대한 판단을 혼란스럽게 만드는 것이다"라며 상대방의 의도를 정확히 파악하는 것이 쉽지 않음을 이야기하였다.

강준만(2000)의 『인물과 사상 16』에서 강원룡 목사는 "대화라는 것은 어떤 결론을 끄집어내는 데 목적이 있는 것이 아니라 서로가 터놓고 얘기하는 동안 서로의 편견과 선입견이 깨지면서 서로를 이해하며 공동의 광장을 넓혀가는 데 목적이 있는 것이에요. 여기서 현실을 바르게 볼 수 있는 눈이 생기는 것입니다"라고 하였다. 다시 한 번 강조하지만 편견과 선입견에 의한 듣기와 선택적 듣기는 분명히 다른 것이다.

마지막으로 지승호(2010)는 『PD수첩, 진실의 목격자들』에서 "완벽하게 나쁜 사람과 완벽하게 좋은 사람이 있기는 힘들다. 사람 마음속에서는 일정 정도의 선과 악이 공존한다. 완벽하게 나쁜 극악무도한 인간도 있기 어렵다. 구체적인 사안과 관련해서 어떤 한 사람은 나쁜 쪽으로, 또 어떤 사람은 선량하게 보이는 경우가 많다. 실수를 방지하기 위해서는 끊임없이 재점검하고 스스로를 되돌아보는 방법밖에 없다고 본다"고 하였다.

이를 듣기에 적용해본다면 선택적으로 듣되 끊임없는 재점검이 필요하다.

10 | 듣기에도 목표가 필요하다

무작정 듣고만 있다고 모든 것이 해결되는 것은 아니다. 사실 듣기에도 분명한 목표가 필요하다. 예를 들어 특정 토론의 방청객의 관점이라면 전체적으로 열심히 듣는 것도 좋겠지만 보다 현실적인 접근은 '나와 생각이 같은 사람의 주장을 더 열심히 들어 내 주장을 보다 구체적으로 보완해 나갈지', 그렇지 않으면 '나와 생각이 다른 사람의 주장을 더 집중적으로 들어 상대방의 관점에서도 문제를 생각해볼지' 등에 대한 세부적이고 구체적인 듣기의 목표가 필요한 것이다.

나의 경우 상대방의 말하기를 행동으로 옮기거나 구체적이고, 세부적으로 반응해야 하는지 그렇지 않으면 편안한 마음으로 듣고만 있어도 되는지에 대한 목적을 분명히 한다. 그리고 그 목적에 맞게 목표를 정한다.

박정원(2008)은 『박코치 기적의 영어학습법』에서 "hearing은 소리를 듣는 능력을 이야기한다. 그리고 listening은 들린 소리의 내용을 이해하는 것이다. 즉, 한국인은 귀는 멀쩡하지만 알고 있는 영어의 단어들을 듣지 못한다"라며 단순한 듣기가 아닌 그것에 대한 이해가 전제되어야 함을 강조하였고, EBS <최고의 교수> 제작팀(2010)은 『최고의 교수』를 통해 "'교육받았다'는 것은 '무엇을 얼마나 배웠느냐'의 문제가 아니다. 중요한 건 '생각하는 방식'이 바뀌었냐는 점이

다. 나는 학생들의 학습 성과를 현금 출납원처럼 숫자로 매기는 데
는 아무 관심도 없다. 나는 그저 학생들이 생각하는 방식의 변화를
통해 자기 자신에 대한 이해를 갖춤으로써 장차 더 나은 학습 및 사
고를 할 수 있도록 돕고 싶을 뿐이다"라고 하였다.

그리고 신수정(2013)은 『보안으로 혁신하라』에서 "열쇠장이는 자
물쇠는 정직한 사람을 정직한 상태로 계속 남아 있게 하려고 달아놓
은 장치일 뿐이라면서 이렇게 말했다. '세상 사람들 중 1%는 어떤
일이 있어도 남의 물건을 훔치지 않는다. 또 1%는 어떻게든 자물쇠
를 열어 남의 것을 훔친다. 나머지 98%는 조건이 갖추어져 있는 동
안에만 정직한 사람으로 남는다. 이 사람들은 강한 유혹을 느끼면
얼마든지 정직하지 않은 사람 쪽으로 옮겨간다. 당신이 아무리 자물
쇠로 잠가도 도둑이 털려고 마음먹는다면 얼마든지 당신 집에 침입
할 수 있다. 자물쇠는 문이 잠겨 있을 때 유혹을 느낄 수 없는, 대체
로 정직한 사람들의 침입을 막아준다'"고 하였다.

즉, 자물쇠 하나를 만들 때에도 분명한 상황 인식과 목표가 필요
한 것처럼 듣기에도 전체적인 상황을 살피되 세부적이고 구체적인
목표가 필요한 것이다.

11 | 들은 것이 전부는 아니다

듣기만 잘해서 모든 것이 해결된다면 얼마나 좋을까. 듣기는 말하기나 쓰기처럼 직접적인 행위가 아닌 상대적으로 간접적인 행위이기 때문에 일반적으로 듣기를 보다 쉬운 것으로 생각하는 경향이 있다. 따라서 듣기는 말하기, 쓰기 등과 병행하여 진행되어야 한다. 자신이 들은 것이 전부가 아니라는 사실 또한 반드시 전제되어야 한다. 그것은 자신이 말하고자 하는 바를 아주 완벽하게 모두 다 말한다는 것이 사실상 불가능한 것이기 때문이기도 하다.

나의 경우 가급적 듣기는 보조수단으로 활용한다. 상대방의 말하기에 대한 이해가 부족하여 오해를 하게 되는 경우도 있을 수 있기 때문이다. 그리고 듣기만으로 무엇인가를 결정해야 하는 상황이라면 잠시 시간적 여유를 가지고 한 번 더 생각해 보는 편이다.

한승헌(2009)은 『한 변호사의 고백과 증언』에서 "병풍 속의 호랑이를 진짜 호랑이로 아는 사람은 놀라겠지만, 그것을 그림으로 아는 사람은 놀라지 않는다"라고 함으로써 사실 뒤에 숨겨진 진실의 중요함을 이야기하였고, 박승희 외(2009)는 『50년 금단의 선을 걸어서 넘다』를 통해 "모든 현상 뒤에는 항상 숨겨진 진실이 있고, 그 진실이 객관적으로 인식되기까지는 길든 짧든 '시간의 간극'이 존재하기 마련이다"라고 하였다.

그리고 이동조(2005)는 『펜으로 세상을 움직여라』에서 "콜럼부스

달걀에 대해 문제성을 느껴본 적이 없는가. 달걀의 겉모양은 어떻게 생겼는가? 그것은 타원형이다. 따라서 이는 애초에 세울 이유가 없도록 설계되어 있는 것이다. 둥지에서 구르더라도 그 둥지의 반경을 벗어나지 않도록 고안된 생명의 섭리가 여기서 그대로 멀리 이탈되기 십상이며 각지게 되어 있다면 어미 새가 품기 곤란했을 것이다. 그 타원형은 그래서 생명을 지키는 원초적 방어선이다. 따라서 이것을 세워보겠다는 것은 그런 생명의 원칙과 맞서는 길밖에 없다"고 하였다.

일반적으로 당연하다(혁신적이다)고 받아들였던 것들이 가끔은 다른 각도에서 접근해 보면 새로운 시각의 문제제기가 가능함을 소개하고 있는 것이다. 명심하고 또 명심하라. 당신이 들은 것이 전부가 아님을.

12 | 일단 멈추고 들어보자

듣기에 대해 이런저런 생각들을 옮겨 보았다. 경험을 바탕으로 '나름 괜찮은 방법이지 않을까'라는 생각에 쓴 것이지만 독자에 따라서는 보다 창의적이고 독창적인 방법이 있다고 주장할 수도 있다. 그렇지만 듣기에 공통적으로 적용할 수 있는 것은 일단 멈추고 집중해서 들어보는 것이다. 그것이 시작이다. 무엇인가에 애정과 관심을 가지면 그동안 들리지 않던 것들이 들리기 시작한다. 어쩌면 너무나 당연하게 들리던 소리들이 새롭게 들리기도 한다.

이해를 돕기 위해 내가 듣기를 강조하게 된 계기를 짧게 옮겨보면 2001년 군 제대 후 나보다 한 달 늦게 해병대를 제대한 친구와 무료함을 달래고자 안동 MBC 퀴즈 프로그램에 출연하게 되었다. 문제를 열심히 풀다 보니 자꾸만 우승에 대한 욕심이 났고 진행자의 문제설명이 채 끝나기도 전에 정답이라고 생각되는 것들을 말하기 시작했다. 그렇게 잘 진행되는 듯했다.

그리고 또다시 '동물의 체표(體表)에 존재하는 흑갈색 또는 검은색의 색소를 의미하며 그 양에 따라 피부나 머리카락, 망막의 색깔이 결정되는 것은 무엇일까'라는 문제가 주어졌고 너무나 당연하게 '멜라닌(Melanin)'이라고 생각했지만 성급하게 서둔 까닭에 '멜라민'이라고 쓴 정답판을 들게 된 것이다. '멜라닌'을 '멜라민'으로 썼다는 사실을 전혀 모른 채 우승에 대한 욕심과 확신으로 의기양양했던 것이다.

이 오답 하나로 우승을 놓치게 되었고 준우승에 만족해야 했다.

이후 방송을 본 어머니가 재미있는 경험이었겠지만 좀 더 차분하게 진행자의 말을 듣고 한 번 더 생각하고 썼다면, 그리고 그것을 확인했다면 충분히 우승할 수 있었을 것이라며 잠시 아쉬워하셨다. 그날 이후 안타까운 마음을 달래고자 조금은 차분한 마음으로 여유를 가지려 노력했던 것 같다.

고도원(2010)은 『잠깐 멈춤』에서 "명상은 내면의 작고 고요한 소리를 듣기 위해 마음의 요란한 소음을 가라앉히는 일이다. 틱낫한 스님은 '흐린 물을 마실 수 있는 맑은 물로 바꾸려면 그 물이 가라앉도록 잠시 내버려두어야 하듯, 우리의 파괴적인 분노 에너지를 좋은 에너지로 바꾸기 위해서도 잠시 멈추어 명상을 해야 한다'고 말한다"고 하였다.

그리고 전범석(2009)은 『나는 서 있다』를 통해 "올림픽에서 금메달을 딴 경보(競步)선수가 있었다. 올림픽경기가 열리던 도시의 날씨가 폭염이어서 선수들은 경보를 할 때 발바닥이 익는 듯한 고통을 겪었을 것이다. 그 통증을 어떻게 이겼느냐는 기자의 질문에 그는 '참았다'라고 한마디로 답하였다. 나 역시 참으면 되는 것이다"라고 하였다.

즉, 무엇인가를 이루고 달성하기 위해 인내가 필요함을 이야기하고 있다. 듣기도 인간관계, 커뮤니케이션에 꼭 필요한 인내의 과정이라 할 수 있다.

말하기

3

왜 '말하기'가 필요한가?
말하기란 무엇인가?
어떻게 말할까?

왜 '말하기'가 필요한가?
(직장에 첫 출근하는 J에게)

회사원이 되어 직장에 첫 출근하는 느낌은 어떨까. 내 개인적 경험에서도 그렇지만 대부분의 경우 그간의 취업 활동을 위한 부단한 노력과 고생에 대한 보상으로 설렘 반, 걱정 반의 느낌일 것이다. 물론 앞으로의 직장생활에 대한 걱정이 앞서기도 하지만 사실 무한한 가능성에 대한 설렘의 크기가 더 큰 것 또한 사실이다. 어느 조직이나 단체에 처음 가입하는 느낌, 그 일원이 되는 고유한 긴장과 설렘이 있다. 그런데 직장이라는 곳은 대학생 새내기 때와는 차원이 다른 설렘이 있다. 그것은 이제 내 능력을 가지고 경제 활동을 해야 하기 때문이다.

사실 대학생 새내기의 설렘은 그저 낯선 환경과 사람들에 대한 호기심의 성격이 더 강하다. 그러나 직장에서는 단순 호기심만으로 살아갈 수는 없다. 자신의 능력과 재능을 경제적 가치로 전환시킬 수 있어야 한다. 그리고 그 전환의 크기가 크면 클수록 당신은 능력 있는 직장인이 되는 것이다. 그럼 무엇을 준비하면, 그리고 무엇을 잘하면 성공한 직장인이 될 수 있을까. 사회초년생들에게 현실적으로 무엇이 필요할까.

사회초년생이라는 키워드로 관련 기사를 검색해보니 '직장생활 행복 매뉴얼', '초저금리 시대 사회초년생 목돈 마련' 이런 현실적이고 구체적 내용이 아닌 뜬구름 잡는 기사들이 대부분이다. 보다 현실적이고 구체적인 내용이 없다. 물론 사회초년생이니 이제 직장생활에서 행복을 찾아야 한다. 그리고 돈도 모아야 하며 그에 대한 합리적 방법도 찾아야 한다. 이 또한 절대적으로 필요하다. 그러나 보다 중요한 것은 앞으로의 직장생활에 가장 기초가 되는 중심을 잡아줄 그 무엇이 필요하다. 그것이 무엇일까에 대한 고민이 필요한 것이다.

내 결론은 말하기, 즉 말 잘하기이다. 소통이라고 해도 되지만 소통이라는 것이 상대를 전제로 한 협의의 개념이라면 말하기는 '자기 자신에게'까지를 의미하는 광의의 개념이라 하겠다. 그래서 소통보다는 말하기라 하고 싶다. 말하기를 잘해야 한다. 더욱이 사회초년생이라면 말하기를 그냥 잘하면 되는 것이 아니라 반드시 잘해야만 한다. 자신의 의견, 주장, 생각을 합리적이고, 효율적으로 표현하고, 전달할 수 있어야 한다.

그런데 곰곰이 생각해보면 오늘 하루에도 엄청난 말을 했다. 아침 식사를 하며 부모님과 대화를 하고, 점심에는 친구와 이번에 흥행하고 있는 영화에 대해 영화 평론가라도 되는 것처럼 열변을 토했다. 이 정도면 괜찮은 것 아닌가. 비록 뛰어난 연설가는 아니지만 평균 이상의 무난한 정도는 아닐까 하는 정도의 생각은 든다. 그런데 사실은 그렇지 않다. 신변 잡담과 직장에서의 말하기는 분명히 구별되어야 한다. 신변 잡담을 수다쟁이처럼 잘 떠들어댄다고 말하기를 훌륭하게 잘하는 사람이라고 하지는 않는다.

최근 취업포털 잡코리아의 설문조사에 따르면 직장인의 60%가 직원 간 의사소통이 원활하지 않다고 한다. 그 이유로는 수직적인 조직문화와 서로의 의견을 잘 이야기하지 않기 때문이라는 것이다.

직원 간 의사소통이 되지 않으니 직장이 즐거운 곳일 수 없다. 내가 즐겁지 않으니 내 옆의 동료도 즐거울 수 없다. 그렇다면 어떻게 하면 될까. 어떻게 해야 할까. 이제 사회초년생들에게 목돈 만들기나 가르칠 것이 아니라 말하기를 가르쳐야 한다. 직장에서 가르치지 않는다면 개인적으로라도 꾸준한 관심을 가지고 자신의 말하기를 지속적으로 향상시켜 나가야 한다. 직장생활의 대부분은 사람들을 만나고 그들과 상호 의견을 조율하고 조정해서 의사결정을 이루어내고 그것의 계획을 수립하여 실천에 옮기는 것이다. 이런 과정에는 반드시 말하기가 필요하다. 그런데 우리의 직장 문화는 말하기를 가르치지 않으니 한심하고 안타까울 따름이다.

내가 말하기의 중요성을 강조하고 노력하게 된 몇 가지 경험이 있다. 그것은 10대, 20대, 30대 각각의 시점별 경험이다. 먼저 고등학교 시절의 경험이다. 경상북도 영주시에서 태어나고 자란 나는 아니라고 하지만 나도 모르게 사투리를 사용했었다. 그런데 이것은 그래도 비교적 용이하게 고칠 수 있었다. 나 또한 사투리를 사용했음을 이후에라도 알 수 있었기 때문이다. 문제는 억양과 강세였다. 내 말하기 습관을 고치기 위해 카세트테이프에 녹음해 들어보니 가장 큰 문제는 모든 문장의 단어 첫 음절에 강세를 주고 있는 것이었다. 그러다 보니 문장이 어색하고, 상대방에게 공격적인 뉘앙스로 들리는 것이었다.

예를 들면 이런 것이다. '나는 오늘 밥을 먹었다'라는 평범한 문장이 있다면 그냥 부드럽게 읽고 말하면 되는데 그 당시 내가 읽으면 항상 주어인 '나는'에 강세가 들어가고 특히나 첫음절 '나'에 강조점이 형성되는 것이었다. 이게 한 문장이면 그래도 들어줄 만한데 여러 문장으로 구성된 단락이라면 문장의 첫 음절을 항상 강조해서 읽으니 듣는 사람 입장에서는 다소 어색한 억양으로 전달되었으며, 이는 전체적인 듣기의 방해 요소가 되어 전달력 및 수용력이 떨어지게 되었다. 그래서 나는 문장에서 첫 단어, 첫 음절의 힘을 빼고 읽는 연습을 부단히 노력했었다.

그리고 대학생이 되어서의 경험이다. 나는 비교적 다양한 대외활동 경험이 있었다. 그중에서 국회에서 주관하는 연구에세이 발표대회에 참가할 일이 있었는데 너무 쉽게 생각했다. 그간 몇 차례 공모전에서 입상한 경험이 있었으니 스스로도 말하기를 좀 하는구나 하는 안일한 생각을 했던 것이다. 당시 나를 제외한 대부분의 발표자들은 발표 자료에 정성을 들인 흔적이 역력했다. 그런데 내 것은 내가 보기에도 엉성했다. 현장에 사전 배포된 유인물을 통해 보니 더욱 극명하게 비교되었다. 그러니 발표가 제대로 될 까닭이 있는가.

말하기에는 움츠리고 주저함이 있어서도 안 되지만 자만이 있어서도 안 된다. 상황과 현장에 대한 철저한 준비가 필요한 것이다. 나는 스스로 자만하고 방심했던 탓에 내가 가진 모든 것을 말할 수 없었다. 강당에 모인 관계자들에게 내가 가진 좋은 생각과 멋진 아이디어들을 표현할 기회를 이미 상실해 버린 것이다. 전쟁에 나가기도 전에 전의를 상실한 것이나 마찬가지 상황이었다. 그런 상황에서 말하기를 잘한다는 것은 교만이자 거짓이다. 그 이후 아무리 사소한 말하기라도 충분히 상황을 두루 살핀다. 그리고 거기에 적절한 준비를 한다. 또한 예측 가능한 변수를 생각해 둔다. 그래도 실수는 있을 수 있다. 그러나 변수에 대해 많이 고민하고 준비해 두었기에 당황하지 않고 그저 담담히 받아들인다.

마지막으로 직장인이 되어서의 경험이다. 나는 비교적 남들 앞에서 말할 기회가 많다. 직업의 특성상 각 분야의 전문가들 앞에서 더 전문가인 것처럼 이야기해야 한다. 그들은 들으며, 생각하고 판단할 것이다. 앞의 연단에 선 내가 혹시나 실수하지는 않는지. 그리고 만약 실수한다면 그 즉시 나의 전문성은 신뢰를 상실하게 된다. 아픈 기억은 내가 주도했던 첫 회의였던 것 같다.

나는 많은 자료를 준비했고 당시 회의 안건은 내가 TF로 활동했던 내용을 구체화하는 것이라 누구보다 회의 내용에 익숙한 상황이었다. 그런 까닭에 회의 내용에 있어서는 자신이 있었다. 당연하지 않는가. 보통의 전문가 회의에서는 관련분야에 전문성을 가진 사람들이 자신이 하고 싶은 이야기를 한다. 그럼 상대방이 어떤 이야기를 할지 예측한다는 것이 매우 어렵다. 회의가 예상 밖으로 흘러갈 수도 있다. 그런데 이제 막 만들어진 계획을 소개하고 이에 대한 전문가들의 의견을 듣는 회의라면 충분히 진행자가 회의를 주도할 수 있다. 회의 자료와 안건을 준비하고 정리한 사람을 당해낼 수는 없기 때문이다. 특히나 그것이 임시 조직에서 만들어진 최신 자료를 바탕으로 이루어지는 회의라면.

그런데 문제는 생각지 못한 엉뚱한 곳에 있었다. 당일 회의에 참석하기로 했던 K대학의 S교수님이 회의시간에 늦게 된 것이다. 그리고 정부부처의 담당 사무관도 긴급한 부처일정으로 인해 참석이 어렵다는 통보를 해왔다. 그렇다면 나를 제외한 두 분의 교수님과 일단 회의를 진행해야 하는데, 전체 5명의 회의 참석자 중에 2명이 없으니 회의를 먼저 진행해야 할지 아니면 S교수님이 오실 때까지 기다려야 할지 도무지 감이 오질 않았다. 그 당시 나는 일단 약속된 시간이 지났으니 먼저 회의를 진행하기로 결정하였다. 참석자들에게 양해를 구하고 회의를 진행하며 논의 중에 있는데 20여 분이 지났을 무렵 S교수님이 회의장에 들어오셨다. 그간 논의되었던 내용을 모르는 S교수님은 그때부터 계속하여 반복적인 질문과 안건에서 벗어난 의견을 개진하였다.

그런 까닭에 회의는 지연되었고 나머지 두 교수님은 자신들도 일정이 있다며 서둘러 회의를 마무리하자는 눈치여서 회의 주관자인 나는 너무도 난처하고 당황스러웠다. 나는 모든 회의 자료를 사전에 충분히 준비하고 내 의견도 잘 정리해 두었다. 또한 회의에 대한 사전 시나리오도 충분히 검토해 두었었다. 하지만 생각지 못한 돌발 상황에 사전 준비해두었던 모든 시나리오는 하나씩 무너지기 시작했다. 변화된 상황에 의연하게 대처해 나갈 역량이 그 당시의 나에게는 부족했던 것이다. 아니 경험의 부족이었다. 내가 검토하고 준비한 대로 모든 것이 이루어진다고 생각했던 것이다.

나는 지금도 가끔 생각해본다. 고등학생 때 사투리가 섞인 특유의 억양을 바꾸지 않았다면, 내 친구들도 나와 똑같은 억양을 사용했기에 그땐 잘 몰랐던 내 억양을 이게 뭐가 문제야 라는 생각으로 지금껏 유지했다면 과연 내가 1,000여 명의 사람들 앞에서 자연스럽게 행사를 진행할 수 있었을까. '사투리도 경쟁력이다'라는 말이 있다. 그렇다면 왜 MBC, KBS, SBS 뉴스를 진행하는 이들은 하나같이 사투리를 사용하지 않을까. 그것은 다 이유가 있는 것이다. 전달력이 부족하면 호소력이 떨어지고 그러면 전문성이 부족해 보여 이해력이 낮아지기 때문에 사투리를 쓰지 않는 것이다.

대학생 때 자료의 준비 부족으로 내 생각과 의견을 충분히 전달하지 못했던 경험이 없었다면 지금의 나는 역시나 말만 잘하려 노력했을 것이다. 말하기는 그 자체도 굉장한 노력이 필요하지만 성공적인 말하기를 위해서는 그것을 뒷받침해주는 부차적인 노력이 필요하다. 말하기는 그저 입만 가지고 되지 않는다. 입은 그저 수단일 뿐이다. 그러니 부단한 준비 과정이 필요하고 끊임없이 노력해야 한다.

직장인이 되어 첫 회의를 주재하며 S교수님의 지각과 부처 담당 사무관의 불참이 없었다면 나에게 회의는 그저 준비만 잘하면 충분한 것이었다. 회의 참석자에 대한 다양한 변수를 고민하기보다는 어떻게 하면 내가 더 많이 준비할 수 있을지 만을 생각하고 참석자는 그저 내 의도에 따라올 수밖에 없는 사람들이라고 생각했을 것이다. 그런데 어디 세상이 그런가. 세상만사 모든 일이 돌발 변수, 돌발 상황이라는 것이 있는데 당시의 나에게 있어 말하기는 나만 잘 준비하면 된다는 1인칭 주인공 시점에 머물러 있었다.

직장인들에게 직업에 대한 설문조사를 해보면 선호하는 기업, 근무 조건에서는 항상 동일한 답이 나온다. 어떤 직장일까. 어떤 조직 문화를 가진 곳일까. 당신이 예상한 그대로다. 야근이 많지 않고 개인의 여가 사용은 자유로우면서 자신의 성장을 이룰 수 있고 연봉은 상대적으로 괜찮은 곳이라고 한다. 그런 곳이 있다면 언제든 이직하고 싶다고 한다. 연봉보다 여가도 중요하다고 한다. 이것이 최근의 트렌드다. 그런데 이런 곳은 없다. 설령 있다고 해도 그 좋은 곳이 당신 차지가 될 가능성은 매우 희박하다.

에베레스트 정상에서 축구경기를 하고 싶은가. 그럼 신나지 않겠는가. 너무나 이색적이지 않겠는가. 그럼 일단 에베레스트 정상을 축구가 가능하도록 넓게 만들어야 한다. 아니면 축구경기에 대한 고

정관념을 바꾸어야 한다. 예를 들어 우주복을 입고 에베레스트 정상 위에서 공중에 붕붕 떠다니며 공을 차던가 말이다. 그런데 이게 현실적으로 가능한가. 희망사항과 내가 처한 현실은 분명히 다르다. 그럼 그걸 인정하고 보다 잘할 수 있는 현실적 대안을 찾아보자. 당신이 지금 부족한 것도 채우지 못하면서 더 잘하고 싶은 것만 찾는다고 꿈과 희망에 찬 미래가 성큼 다가오는 것은 아니다.

내가 말하기에서 스스로 얻은 결론은 다음과 같다. 첫째, 말하기의 전달력을 높이기 위해서는 사투리 등 개인에게 국한된 습관을 고쳐야 한다는 것이다. 이는 나만의 말하기 개성과는 구분된다. 둘째, 스스로의 말하기 실력에 자만하지 말고 철저히 준비해야 한다는 것이다. 셋째, 예측하지 못한 돌발 변수가 언제든 발생할 수 있음을 인지하고 의연히 대처해나갈 수 있는 능력을 키워야 한다는 것이다. 아직은 조금 어색하지만 사투리도 어느 정도 고쳤으며, 사전에 충분히 준비하고 말하기 시작했다. 또한 철저히 준비한 상황하에서도 예측하지 못한 돌발 상황이 언제나 있을 수 있다는 사실을 아는 것만으로도 한결 여유로워졌다. 그것은 경험이라는 이름으로 불릴 수도 있을 것이다.

여유가 쌓이면 직장생활은 한결 넉넉하고 풍요로워진다. 쫓기지 않는 자는 쫓을 수 있다. 앞으로 말하기에 익숙해야 할 상황이 얼마나 많겠는가. 그곳이 직장이 아니더라도 말하기는 반드시 필요하다. 그런데 그것을 잘 배우려 하지 않는다. 아니 배워 본 적도 없다. 운전을 못하면 배우고 연습해야 하듯이 말하기도 익숙하지 않으면 노력하고 배우고 실천해야 한다. 세상에 공짜는 없다. 그러니 공짜 바라지 말고 말 잘하는 사람이 되고자 노력하자. 말하기에 대한 방법 및 경험은 '말하기' 부분에서 좀 더 구체적으로 소개하고자 한다.

말하기란 무엇인가?

[말하다]

「1」 생각이나 느낌 따위를 말로 나타내다

「2」 어떠한 사실을 말로 알려 주다

「3」 무엇을 부탁하다

「4」 말리는 뜻으로 타이르거나 꾸짖다

　　　[유의어] 놓다, 대화하다, 신고하다

[Speak]

「1」 이야기하다(말을 주고받다)

「2」 (목소리를 써서) 말하다

「3」 (어떤 내용을) 말하다

[談(말씀 담)]

「1」 말씀, 말, 담화(談話), 언론(言論)

「2」 말하다, 담론(談論)함

「3」 농담하다

[단어]

「1」 會談(회담): 모여서 이야기함

「2」 頂上會談(정상회담): 두 나라 이상(以上)의 대통령(大統領)이나 수상(首相) 등(等) 수뇌(首腦)가 모여 하는 회담(會談)

「3」 壯談(장담): 확신(確信)을 가지고 자신(自信) 있게 하는 말

[고사성어]

「1」 街談巷說(가담항설): ① 길거리나 세상(世上) 사람들 사이에 떠도는 이야기 ② 세상(世上)에 떠도는 뜬소문(所聞)

「2」 談虎虎至(담호호지): 호랑이를 말하면 호랑이가 온다는 뜻으로, 남에 관해 함부로 말하지 말라는 뜻

「3」 老生常談(노생상담): 노인(老人)들이 늘 하는 이야기란 뜻으로, 노인(老人)들의 고루(固陋)한 이론(理論)이나 평범(平凡)한 의논(議論)을 비유(比喩・譬喩)해 이르는 말

「4」 高談峻論(고담준론): 고상(高尙)하고 준엄(峻嚴)한 담론(談論)

「5」 豪言壯談(호언장담): 분수(分數)에 맞지 않는 말을 큰소리로 자신(自信) 있게 말함

어떻게 말할까?

01 | 내가 최고의 대화상대다

　　말하기의 시작은 독백이다. 아기들이 혼자 '옹얼옹얼' 거리는 것이 말하기의 시작이라 할 수 있다. 이게 익숙해지면 대화상대가 있는 쌍방향적인 말하기가 성립되는 것이다. 말하기 연습도 이런 방식으로 시작한다. 처음부터 낯선 상대방에게 말하기를 한다는 것은 매우 어색하고 때로는 두렵기 마련이다. 그런 까닭에 혼자 거울을 보고 꾸준히 반복적으로 말하기 연습을 하는 것이다. 거울 속의 내가 때로는 타인이 되는 것이다. 그 느낌으로 반복해서 연습하자.

　　나의 경우 처음에는 화장실 거울을 보며 말하기 연습을 했고 이후 방, 거실 등 점점 넓은 공간으로 연습장소를 확장해 갔다. 이러한 연습과정을 통해 말하기를 향상시켜 나갔다. 예상처럼 당연히 어색하고 낯설다. 하지만 어색해하는 내 모습을 직접 봐야만 그것을 고치고 수정할 수도 있다.

유홍준 외(2010)는 『우리 시대의 장인정신을 말하다』에서 "전문가란 어떤 사람인가? 어떤 사람이어야 하는가? 대중과의 접점에서 그들의 사회적 역할은 과연 무엇인가? 진정한 전문가는 한 분야의 깊은 지식을 그와 무관한 대중에게 이해시킬 수 있는 사람이다. 전문지식의 대중적 생산이 가능한 사람이다"라고 하였다. 이를 말하기에 적용해 본다면 자신이 알고 있는 지식들을 거울 속의 나에게 쉽게 설명해 보는 것이다. 처음에는 생각만큼 만만치 않음을 느끼게 될 것이다.

강신장(2010)은 『오리진이 되라』에서 히딩크의 이야기를 소개하며 "훌륭한 축구선수는 결코 공을 잘 차는 선수가 아니다. 훌륭한 축구 선수는 그라운드에서 끊임없이 상대가 예측하지 못한 새로운 시간과 공간을 창출해내는 창조자들이다"라고 하였다. 말하기도 마찬가지다. 유창하게 잘하는 것도 좋겠지만 끊임없이 새로운 시각, 그리고 적절한 표현을 찾아가는 부단한 노력이 보다 필요하다.

그리고 김은주(2014)는 『1cm+, 허밍버드』에서 "진행 중인 사랑에서 당신은 주인공이지만 끝난 사랑에서 당신은 관객이 되어야 합니다"라고 하였다.

사랑에도 주인공이 필요한 것처럼 말하기에도 일단은 내가 주인공이 되어야 한다.

02 편안한 상대에게 말해보자

'혼자'서 말하기 수준을 넘어섰다면 이제 '상대방'이 있는 말하기 단계다. 이때 가장 초보적인 방법은 편안한 상대에게 이야기해 보는 것이다. 아무래도 가족, 친구 등이 별다른 부담 없이 말할 수 있는 상대일 것이다. 예를 들어, 공식적인 자리에서 말해야만 하는 상황이 생긴다면 일단은 편안한 상대방이 있다고 가정하고 혼자 말해보는 것이다. 이렇게 가상 연습을 반복한 후 실제 가족 또는 친구 등에게 말해보는 것이다. 물론 처음에는 이 또한 조금은 부끄럽고 다소 어색할 것이다. 그렇지만 편안한 상대방을 앞에 두고 말하기 연습을 하면 문제점 또한 비교적 솔직하게 들어볼 수 있다. 이때 적당한 손동작, 적절한 눈빛 등도 함께 연습해 두면 더욱 좋다.

나의 경우 결혼 전에는 어머니 앞에서 결혼 후에는 배우자 앞에서 말하기를 가끔 연습했다. 물론 부모 자식 간에도 어색하고, 부부간에도 낯설다. 그래도 이보다 더 좋은 말하기 연습 상대는 없다. 부모보다 그리고 배우자보다 나에게 더 솔직하게 이야기해 줄 수 있는 사람은 그리 많지 않다. 다만 잘못된 습관이나 수정이 필요한 부분은 가감 없이 이야기해 줄 것을 사전에 분명히 해야 한다.

이원용(1996)은 『세계를 움직인 12인의 천재들』에서 "누군가가 피카소를 보고, '당신은 화가로서 어떠한 공부를 해왔습니까?' 하고 묻게 되면, 피카소는 분명히 이렇게 대답할 것이다. '나는 매일매일 그림을 그려 왔습니다"라며 끊임없는 노력의 중요성을 이야기하였는데 말하기 역시 마찬가지다. 말하기 연습에서 참고할 만한 내용을 소개하자면 셸 린(2008)은 『오바마처럼 말하라』를 통해 "강한 설득력을 창출하는 방법 중 하나가 개념 정렬하기이다. 그런데 개념을 정렬하는 데 있어 '올바른' 순서는 없다. 그저 효과적인 순서가 있을 뿐이다. 듣는 사람이 연설자의 생각의 흐름을 따라가서 이 흐름이 논리적이고 호소력 있는 의미가 있음을 깨달을 수 있으면 이것이 효과적인 정렬 방식이다"라고 하였다.

그리고 이주향(2002)은 『내 가슴에 달이 들어』에서 강철수의 '반디'를 인용하며 "아무리 소중한 가족도 떨어져 살면 멀어지고 멀어지면 끊어진다. 가족은 숲 속의 길 같아서 늘 오고가지 않으면 금방 풀이 자라고 숲이 우거져 마침내 길은 사라진다"라고 하였고, 김민주(2008)는 『커져라 상상력 강해져라 마케팅』에서 "우리가 상상력과 창의력에 대해 말은 많이 하지만 어떤 차이가 있는 것일까? 상상력이 어떤 화두가 던져졌을 때 부담 없이 다양하게 생각하는 노력이라고 한다면, 창의력은 어떤 문제를 새롭게 해결하는 노력이다. 즉, 상상력이 발산적(divergent) 사고방식이라면 창의력은 수렴적(convergent) 사고방식이다. 그런 의미에서 상상력은 창의력과 비슷하면서도 다르다"라고 하였다.

편안한 상대에게 말할 때 상상력도 생기고 창의력도 생길 수 있다. 불편하고 낯선 것들은 경직되고 제한된 사고를 만들 뿐이다.

03 | 계산하며 논리적으로 말하라

일반적으로 글쓰기에 '기-승-전-결' 또는 '서론-본론-결론'이 있는 것처럼 말하기에도 이러한 논리가 필요하다. 글쓰기와 비교해 말하기가 한결 수월하다고 생각하는 사람들은 흔히 말하기의 논리를 상대적으로 쉽고 편하게 생각하기 때문이다. 그러나 글쓰기는 처음에 쓴 글을 지속적으로 고쳐 쓸 수 있는 '퇴고'라는 과정이 있지만 말하기는 한번 내뱉으면 끝이다. 그런 까닭에 보다 계산하며 논리적으로 말할 수 있어야 한다.

예를 들어, 다수의 청중 앞에서 무엇인가를 발표해야만 하는 상황이라면 나에게 주어진 발표시간은 얼마인지, 그리고 앞뒤의 발표자는 누구인지, 전체적인 행사일정은 어떻게 되고, 청중은 어떤 사람들인지 발표방법은 프레젠테이션 방식인지 아니면 시각적 효과가 제한된 구술방식인지 등 말하기와 관련된 모든 것들을 머릿속으로 그려보고 준비할 수 있어야 상대방을 이해시키고 설득할 수 있는 논리적 말하기가 가능하다.

나의 경우 필요하다면 말하기도 글쓰기를 한다고 생각하고 시나리오를 작성해 본다. 머릿속으로 시나리오를 생각하며 전체적인 내용을 한번 써보고 그것을 실제 말하기로 옮겨보는 것이다. 그렇게 하면 머릿속으로는 논리적이라 생각했던 내용들이 논리적 타당성이 부족하여 수정과 보완이 필요한 경우도 있다.

오준호(2012)는 『소크라테스처럼 읽어라』에서 "기원전 399년, 소크라테스는 고발당한 피고의 신분으로 법정에 섰습니다. 그의 앞에 아테네 시민 5백 명이 재판관으로 앉아 있었고 시인인 멜레토스가 고발자들을 대표하여 기소장을 읽었습니다. 죄명은 신을 믿지 않고 청년들을 타락시켰다는 것이었습니다. 그러나 소크라테스는 차분하지만 물러섬 없는 논변으로 그 고발을 반박해 나갑니다. 소크라테스는 멜레토스에게, 자신이 청년들을 타락시켰다면 반대로 청년들을 선도한 이는 누구인지 묻습니다. 멜레토스는 그게 국법이라고 했다가, 재판관들이라고 했다가, 결국 아테네 시민 전체라고 대답합니다. 그러자 소크라테스는 자기 한 사람을 빼고 모두가 청년들을 선도하는데 어떻게 청년들이 타락할 수 있느냐고 묻습니다. 그건 어불성설이며, 멜레토스 당신은 사실 청년에게 별 관심이 없었던 것 아니냐고 역공을 펼칩니다. 이에 멜레토스는 말문이 막히고 맙니다. 그러나 고발자들은 소크라테스를 풀어주지 않고 재판을 계속합니다. 어차피 그들은 기소장에 올린 죄명 때문이 아니라, 소크라테스가 자신들이 대답할 수 없는 질문으로 자기네 무지를 폭로한 것, 그래서 사회 지배층으로서 자기네 권위를 땅에 떨어뜨린 것에 보복하려고 그를 잡아왔던 것입니다. 잘난 체하면서 도덕이 어떻고 아름다움이 어떻고 떠들던 그들에게, '지혜를 사랑하는 사람' 소크라테스는 과연 그 도덕과 아름다움이 무엇을 의미하는지 끈질기게 물었던 것입니다. 그래서 그들은 소크라테스와 그의 '까칠함'이 미워 죽을 지경이었습니다"라고 하였다. 소크라테스의 일화를 통해 논리가 무엇인지 조금은 알게 되었을 것이다.

이화여자대학교 WISE거점센터 엮음(2010)의 『누가 뭐래도 우리는 간다』에서는 노벨평화상 수상자이자 미국의 작가인 엘리 위젤(Elie Wiesel)의 발언을 인용하며 "내가 가진 지식은 내 앞의 많은 이들로부터의 빚이기 때문에, 내 머릿속에만 담아두어서는 안 된다. 그 지식을 다른 이들에게 되돌려주어야 한다고 생각한다. 감사하는 마음으로"라고 하였다. 문학적 표현처럼 감성적으로 들리지만 가끔은 그 속에 이성적 논리가 있다.

　마지막으로 남호기(2012)는『박수』를 통해 "아우토반 고속도로를 건설할 때 그들은 통념에 사로잡히지 않았던 것입니다. 만약 '고속도로=과속, 과속=사고'라는 지극히 상식적인 통념에 빠져 있었다면 아마 지금쯤 독일 차니 한국 차는 큰 차이가 없있을지도 모릅니다. 그러나 그들은 역발상을 했습니다"라고 하였다.

　논리적 말하기에서도 끊임없이 일반적 통념에 매몰된 것은 아닌지 살피고 또 살펴야 한다.

04 | 눈앞에 펼쳐내듯 말하라

말하기를 상대방 입장에서 생각해보면 듣기가 된다. 그렇다면 듣기에 좋은 말하기는 어떤 방식이어야 할까. 논리적이어야 하고, 말하는 사람의 목소리 톤도 좋아야 하며, 내용도 제한된 시간을 적절하게 활용한 것이어야 할 것이다. 그리고 한 가지 추가하면 말하고자 하는 내용을 들었을 때 전체적인 그림을 그릴 수 있도록 해야 한다.

예를 들어, 국가 전체적인 이야기를 초등학생들을 대상으로 한다면 가족에 비유하여 설명할 수도 있을 것이다. 눈앞에 펼치듯 말하기의 대표적인 방법이 묘사라고 생각할 수 있지만 사실 비유의 방법을 적절히 쓰면 훨씬 더 상대방의 빠른 이해를 가능하게 한다.

나의 경우 듣는 사람 수준에 맞는 최적의 비유를 고민한다. 이를 위해 평상시 책을 읽고, 음악을 듣거나, 영화를 보는 경우에 괜찮은 비유 또는 표현 등이 있다면 메모하거나 기억해 두었다가 적절한 시점에 활용하려 노력한다. 경험적으로 볼 때 비유나 묘사의 수준은 그것의 활용 정도에 비례하여 풍성해진다.

맹찬형(2012)의 『따뜻한 경쟁』에서 브라질의 룰라 대통령은 "왜 부자들을 돕는 것은 투자라 하고, 가난한 이들을 돕는 것은 비용이라고 하는가"라는 적절한 비유를 통해 가난한 이들에 대한 지원의 당위성을 효과적으로 전달하였다.

훌륭한 비유의 예를 하나 더 들자면 성석제(2010)는 『인간적이다』에서 "인체에서 '리'자로 끝나는 대표적인 기관은 머리, 허리, 다리다. 머리는 하늘에 가깝고 다리는 땅에 닿아 있으니 이상과 현실, 계획과 실천, 형이상학과 형이하학은 다 머리와 다리 하기에 달렸다. 하지만 허리가 없으면 두 기관은 따로 놀 수밖에 없다. 이처럼 하늘과 땅 사이에 있는 인간, 그 일직선상에 놓인 머리, 허리, 다리 가운데 허리는 아무 역할을 하지 않는 듯하면서 실상은 결정적인 역할을 하고 있다"라고 하였다.

또한 지윤정(2010)은 『10년 차 선배가 5년 차 후배에게』를 통해 CNN 창립자인 테드 터너(Ted Tuncr) 회장의 말을 인용하며 "앞서 가라. 아니면 따라와라. 그도 아니면 비켜라!"라고 하였다.

위의 글들을 읽다보면 작가의 글이 눈앞에 펼쳐지듯 독자에게 이야기하고 있는 것 같은 느낌이 든다.

05 | 참석자와 장소를 고려하라

일반적인 경우 친구들과 레스토랑에서 점심을 먹으면서 웅변하듯 말하는 사람은 없다. 그러면 안 된다는 것은 너무나도 당연한 상식이기 때문이다. 그런데 말하기에서 이러한 원칙이 무너지는 경우가 너무나도 많은 것이 현실이다. 말하기의 기본은 상대방(또는 참석자) 및 상황(장소 등)을 고려하는 것이다. 말하는 내용에 대한 상대방의 사전 이해 정도에 따라 말하기 내용을 적당하게 조정해야만 한다. 사전 지식이 전혀 없는 상대방에게 관련분야의 전문적인 용어를 사용한다면 이는 효과적인 말하기라 할 수 없다. 그리고 장소 또한 매우 중요하다. 예를 들어, 두 명이 대화를 하는 상황이라고 하더라도 나란히 앉을 때, 대각선으로 앉을 때, 마주보고 앉을 때 등이 주는 느낌과 그에 따른 전달 정도는 분명한 차이가 있다.

나의 경우 업무와 관련한 감사 등을 진행할 때 편안한 분위기를 사전에 형성하거나 긴밀한 협조가 필요한 경우에는 자리 배치를 나란히 하여 상대의 긴장을 풀어주어 편안한 분위기를 유지한다. 가끔은 상대방보다 우월적 위치에 있지만 이를 보다 친밀하게 표현하기 위해서 자리 배치는 구분을 하되 의사소통은 보다 원활히 하고자 대각선으로 자리를 배치한다. 그리고 엄중하고, 진중한 분위기를 형성하여 상대방에게 권위 있는 모습을 보여주고 싶을 때는 마주보고 앉아 상대방의 표정과 행동 등을 전체적으로 파악할 수 있도록 한다.

선우후락 공저(2005)는 『고래를 잡는 120가지 이야기』에서 "'경주에 가면 성덕대왕 신종(神鐘)과 에밀레종이 유명하다. 어느 종을 먼저 보고 싶은가?' 내가 예상했던 대로 상당수의 학생들이 '에밀레종을 먼저 보고 싶다'고 답해 왔다. '성덕대왕 신종은 나중에 보겠다'는 의견과 '보고 싶지 않다'는 사람도 나왔다. '같은 종 아닌가요?'라며 질문 속에 담겨 있는 난센스를 밝혀 낸 학생도 있었지만, 중요한 것은 똑같은 종이라도 종이라는 물건 이름(성덕대왕 신종)을 사기보다 종의 이야기(에밀레종)를 사겠다고 나선 학생들의 태도다"라고 하였다. 같은 내용에 다른 느낌이다.

그리고 이영혜(2013)는 『건축만담』에서 "'고객을 넘어서주십시오.' …… '고객의 요청을 충족시키는 것으로 끝나서는 건축가라고 할 수 없어요. 고객의 요청을 넘어선 제안을 하고 그것을 실현했을 때 비로소 건축가라고 말할 수 있다는 의미예요'"라고 하였다.

말하기 또한 마찬가지로 상대방의 요청을 넘어설 수 있어야 한다.

강약을 조절하며 말해보자

　　대중음악에서 감상적 곡조에 사랑을 주제로 한 서정적인 노래를 뜻하는 발라드(Ballad)는 항상 잔잔하기만 하다면 어떨까. 그렇다면 다소 지루한 느낌이 강할 것이다. 사실 발라드를 좋아하는 이유는 자신의 감정을 대변하는 듯한 감정이입에 있다. 그런 까닭에 가수들은 일정한 흐름에 따라 노래를 부른다. 처음에는 조금 잔잔하게 시작하다가 노래가 전하고자 하는 감정을 최대한 끌어올려야 하는 부분에서는 가수의 가창력이 폭발하여 일종의 카타르시스를 느끼게 하고 마지막 마무리에서는 다시 감정을 추스르며 여운을 남긴다. 노래에서뿐만 아니라 말하기에서도 이러한 강약 조절을 통해 상대방의 마음을 움직일 수 있어야 한다. 그래야 집중도가 높아지고, 이해의 정도 또한 자연스럽게 향상될 수 있다.

　　나의 경우 처음에는 화자에 대한 신뢰감 형성을 위해 비교적 굵직한 음성으로 말하기를 시작하려 노력한다. 요즘 화제가 되는 이야기, 말하기 현장의 주요 상징물, 인상적인 참석자 등 무엇이 되었건 평범하여 부담 없지만 누구에게나 해당됨직한 소재를 선택한다. 그리고 말하고자 하는 핵심내용을 소개할 때는 잠시 침묵하여 참석자들의 시선을 유도하거나 관심을 이끌어내려 한다. 마지막으로 마무리 부분에서는 음성을 약간 높여 전체적인 내용을 간략히 소개하고, 핵심내용은 세 가지 범위 이내에서 재정리한다.

혜민(2010)은 『젊은 날의 깨달음』에서 "사실 음악이 아름다운 것은 음표와 음표 사이에 있는 거리감과 음표들 가운데 자리 잡고 있는 쉼표 때문이다. 음표들이 서로 떨어져 있기 때문에 그 공간 사이로 화음을 이루는 것이고, 음표 사이로 쉬어 주는 침묵이 있기에 음표의 소리를 더 잘 들을 수 있는 것이다"고 하였고, 김종석(2006)은 『청년을 위한 퇴계 평전』에서 "학문을 하는 것은, 다만 삼가 노력하며 독실하게 파고드는 데 있습니다. 끊어짐이 없으면 뜻은 날로 굳세어지고 학문은 날로 넓어집니다. 절대로 남에게 의지하지 말아야 하고, 뒷날을 기다리지 말아야 합니다. 만약 '지금은 잠시 여유 있게 지내고 나중에 도산에 가서 열심히 공부한다'고 한다면 그것은 이미 틀린 것입니다. 뒷날에 비록 도산으로 와도 제대로 공부할 수 없을 것입니다"라고 하였다.

또한 가마타 히로키(2011)는 『세계를 움직인 과학의 고전들』에서 아인슈타인의 말을 인용하여 "이 세상 모든 것은 더 이상 걷어낼 게 없을 때까지 최대한 단순하게 설명되어야 한다. 만약 당신이 간단하게 설명할 수 없다면 당신은 그것을 충분히 이해하지 못한 것이다"라고 하였다.

말하기의 강약조절 시 참고할 만하다.

07| 핵심을 콕 집어 말하라

　　　　　말하기에 익숙하지 못한 제일 초보적인 수준은 했던 이야기를 중언부언 반복하는 것이다. 상대방은 이미 한 번의 듣기로 충분히 이해하고 있는데 정작 말하는 사람이 같은 이야기를 계속 반복하는 것이다. 이처럼 비효율적인 말하기도 없다. 말하는 사람도 지치고 이를 듣는 사람은 더 지겹기 때문이다.

　문제는 자신이 중언부언하고 있다는 사실을 이미 알고 있는 경우도 많다는 것이다. 그럼에도 사전에 내용에 대한 충분한 준비 또는 시간에 대한 효율적 안배가 철저히 이루어지지 않은 경우 어쩔 수 없이 중언부언하게 되는 것이다. 이를 방지하기 위해서는 말하기를 준비하는 과정에서 전하고자 하는 내용의 핵심을 사전에 정리해 두어야 한다. 그리고 실제 발표에서는 핵심내용 중심으로 말하기를 진행하여야 한다. 한옥을 보면 기둥과 서까래가 있듯이 말하기에도 기둥이 있고 서까래가 있다. 기둥만 보고도 대략적인 집의 모양을 추측할 수 있는 것처럼 말하기에서도 핵심[또는 상대방이 원하는 답(答)]을 분명히 전달해 주어야 한다.

　나의 경우 말하기의 핵심내용을 잊지 않고 강조하기 위해 약어 또는 약칭으로 만들어 본다. 핵심내용의 앞글자만으로 단어를 조합해 보거나 유사한 어감의 단어 또는 문장이 있다면 이를 적극 활용한다. 예를 들어 '읽기·듣기·말하기·쓰기'의 순서를 기억하고자 한다면 각 단어의 초성인 'ㅇ·ㄷ·ㅁ·ㅆ'을 활용하여 '이다메써(이 다음에 써)' 등으로 만들어 보는 것이다. 이러한 방법은 말하는 사람에게도 내용에 대한 명확한 전개를 용이하게 하지만 그 내용을 들어야 하는 사람들에게도 보다 쉽고, 간결하게 기억할 수 있는 장점이 있다.

최윤영(2003)은 『최윤영의 마음에 집짓기』에서 "질문만 제대로 던지면 해답은 절로 찾아오지"라고 하였고, 이충렬 외(2013)는 『세상의 끝에서 세상을 말하다』에서 인도의 철학자 라다크리슈난을 인용하며 "무엇을 조금 알면 독단적이 되고, 조금 더 알면 묻게 되고, 또 조금 더 알면 기도하게 된다"라고 하였다. 이는 핵심을 이해하는 것이 중요함을 강조한 것이다.

그리고 정진홍(2007)은 『완벽에의 충동』을 통해 "단순한 것에는 힘이 있습니다. '아마추어는 문제를 복잡하게 만들고 프로페셔널은 문제를 단순화시킨다.' 곤두박질치던 닛산을 되살려 일본 헤이세이 (平成) 시대 최고의 경영자로 꼽히는 카를로스 곤 회장의 말입니다" 라고 하였다. 핵심이다.

무슨 일이 되었건 가장 **빠른** 시간에 그것의 핵심을 정확하게 파악하는 사람이 가장 선두에 설 수 있다.

08 | 열 번 연습하고 한 번 말하라

　　말하기를 정말 잘하는 사람들의 특징은 무엇일까. 그것은 타고난 천재성일까. 물론 그런 사람들도 분명히 있을 것이다. 외모가 사람마다 차이가 있고 상대방에게 보다 호감을 주는 얼굴이 분명히 존재하는 것처럼. 그렇지만 말하기에서 천재성보다 중요한 것은 반복적인 연습을 통한 간절함이다. 같은 내용을 수차례 말하다 보면 내용에 대한 이해가 높아지게 되고, 강약의 흐름도 자연스럽게 조절할 수 있다.

　　처음에는 밋밋했던 내용들이 두 번, 세 번 반복적으로 연습하는 과정에서 촘촘해지는 것이다. 시간체크도 가능하기에 마지막 연습에서는 시간이 예정보다 짧게 또는 길게 주어졌을 때를 가정하고 여러 가지 시나리오를 생각해 두어야 한다. 말하기라는 것이 항상 정해진 틀에서 하는 것이라면 상대적으로 쉽겠지만 사실 상황은 매우 유동적이다.

　　나의 경우 큰 소리로 세 번 이상은 반드시 발표자료를 읽어본다. 그리고 그 과정에서 문어체로 된 자료는 중간 중간 구어체로 바꾸어 본다. 이러한 연습 과정을 통해 발표내용에 대한 전체적인 이해를 높이고 이는 자연스럽게 암기되는 것이다. 이후 발표자료를 보지 않은 상태에서 몇 차례 연습을 더 해보고 마지막에는 머릿속으로 전체적인 발표상황을 그려본다.

윤철호(2010)는 『인문의 스펙을 타고 가라』에서 "재능으로 한두 번 주목받기는 쉽다. 하지만 평생 직업으로 일을 하는 것은 다르다. 재능의 문제가 아니라 관리의 문제. 작가라면 소통을 관리하고, 작품을 관리하고, 역량을 관리하고 돈은 물론 체력도 관리해야 직업으로서의 작가가 되는 것이다. 문제는 재능이 아니라 관리다"라고 하였다. 또한 지승호(2008)는 『열정』을 통해 "많은 부족한 것은 채울 수 있도록 노력하겠습니다. 그리고 넘치는 것은 넘치기 전에 나눌 수 있도록 노력하겠습니다"라는 유재석의 2007년 MBC 연예대상 수상소감을 인용하였다.

그리고 이주형(2010)은 『그래도 당신이 맞다』에서 "나에게는 최다승도 최다 탈삼진도 아닌 그냥 많이 던졌다는 의미의 기록인 3,000이닝 투구 기록이 가장 소중하다. (중략) 1989년 한화 이글스의 전신인 빙그레 이글스에서 데뷔한 송진우 선수는 통산 3,003이닝을 던져 210승 153패 103세이브 2,048탈삼진을 기록했다. 한국 프로야구 역대 최다승, 최다 탈삼진, 최다 이닝 투구다. 특히 200승, 100세이브, 2,000탈삼진을 동시에 달성한 경우는 130년 역사의 메이저리그에도 존 스몰츠 한 명밖에 없는 대기록이다. 왜냐하면 선발과 마무리 투수의 분업이 확실한 현대 야구에서 선발과 마무리에서 동시에 A급 활약을 펼쳐야 가능한 일이기 때문이다. (중략) 송진우 선수는 '꾸준한 게 진짜'라고 생각한다. 3,000이닝을 던졌다는 것은 이겨서 기쁠 때나 져서 슬플 때나 한결같이 마운드에 섰다는 것이다. 비가 오나 바람이 부나 정진했다는 것이다. 실제로 그는 153패 최다 패전 기록도 갖고 있다. 최다승을 올리기 위해 최다패를 견뎌내야 했다는 사실이 의미심장하다"라고 하였다. 마지막으로 엘렌 피네(1999)는 『로

댕』에서 "작업에 임할 때 나는 사람의 육체에 관한 완벽한 '지식'을 갖고 있어야 할 뿐 아니라, 육체의 구석구석에 관한 깊은 '느낌'을 갖고 있어야 한다는 사실을 당신은 모르나요? 말하자면 나는 인간의 육체가 그리는 선을 육화시켜야 하는 겁니다. 그 선들은 나의 본능에 깊이 뿌리박혀 있으며 나 자신의 일부가 되어야 하지요. 나는 손끝에서 그것들을 느낄 수 있어야 합니다. 이 모든 것은 나의 눈에서 나의 손으로 자연스럽게 흘러들어야 합니다. 그때 비로소 나는 내가 이해하고 있다는 확신을 가질 수 있어요"라고 하였다.

'무엇'인가에 완벽하다는 것은 끊임없는 '무엇'이 하나라도 있을 때 가능하다.

말해야 하는 이유를 생각하라

사전에 말하기의 목적을 분명히 하는 것은 매우 중요하다. 상대방에게 단순히 관련분야의 지식을 전달하기 위함인지, 그렇지 않으면 관련분야의 지식을 전달해 관점의 변화를 이끌어내기 위함인지 목적이 분명해야 한다. 예를 들어, '토의(討議)'가 어떤 문제에 대해 검토하고 협의하는 것이라면 '토론(討論)'은 어떤 문제에 대해 여러 사람이 각각 의견을 말하며 논의하여 상대방을 설득하는 것으로 말하기의 목적이 분명히 다르다. 그런 까닭에 토의와 토론은 말하기의 관점이 다른 것이다.

보다 쉽게는 홈쇼핑의 쇼호스트를 생각해보라. 그들은 제한된 시간을 충분히 활용하면서 판매하고자 하는 상품에 대한 정확한 정보를 상세하게 소개하여 소비자의 구매 욕구를 점차 증가시킨다. 마치 물건을 사지 않으면 안 될 것처럼 말이다. 중요한 것은 분명한 목적을 생각하며 말하는 것이다.

나의 경우 말하는 목적에 맞지 않은 내용은 과감히 버리고 제외한다. 아무리 좋은 말하기 자료, 또는 말하고 싶은 내용이 있더라도 주어진 시간 및 상황 등에 적당하지 않다고 판단되면 미련 없이 삭제하고 목적에 부합하는 내용으로 채우고 이에 집중한다. 말하는 사람에게도, 이를 듣는 사람에게도 핵심은 하나로 충분하다.

맹찬형(2012)은 『따뜻한 경쟁』에서 "충격적인 참사 앞에서 옌스

스톨텐베르크 노르웨이 총리는 감동적인 연설로 다문화주의 실패론자의 입을 다물게 만들었다. 그는 희생자를 기리는 추모 연설에서 '테러에 대한 우리의 대응은 더 많은 민주주의, 더 많은 개방성, 더 많은 인간애입니다. 단순한 대응은 절대 답이 아닙니다'라고 했다. 참사 이후 노르웨이 국민의 정당 가입이 급증하고 있다고 한다. 더 많은 민주주의로 테러에 맞서자는 스톨텐베르크 총리의 호소에 부응한 결과다"라고 하였다. '단순한 대응'이 아니라는 총리의 말에 민주주의에 대한 '분명한 확신'이 전제되어 있는 것이다.

우치다 타츠루(2013)는 『하류지향』을 통해 "여기에는 '학력의 차이'가 아니라 '학력에 대한 신뢰의 차이'가 있다. '노력의 차이'가 아니라 '노력에 대한 동기부여의 차이'이다. '학력의 차이'는 간단하며 계량이 가능하지만 '학력에 대한 신뢰의 차이'는 '공기'와 같은 것이기 때문에 통계적으로 취급하기 곤란하다. '목표하는 바를 위해 노력하면 반드시 보상받는다'는 것을 온 가족이 믿고 있고, 실제로 그 노력의 성과를 향유하는 환경에서 자란 아이들과 '공부해도 소용없다'고 공언하고 지금 사회적으로 낮은 계층에 있는 원인이 자신의 노력 부족이 아니라고 주장하는 부모 밑에서 자란 아이들을 비교하면, '노력에 대한 동기 부여'에서 결정적인 차이가 생기는 것은 피할 수 없다"고 하였다.

또한 김애리(2009)는 『20대, 꿈의 다이어리』에서 "세상에 못생긴 여성은 없다. 신부는 왜 모두 아름다운가. 결혼식 날 자신이 어떻게 보일지 신경을 쓰기 때문이다. 용모에 신경을 쓰지 않거나 자신이 아름답다고 느끼지 않는 여성만이 흉하게 보인다"라고 하였다.

훌륭한 말하기는 반드시 목적이 분명해야 한다. 아름답게 보이고자 하는 목적이 분명하면 더 아름답게 보이는 것처럼 말이다.

10 | 말할 수 있는 시간은 영원하지 않다

말하기에서 반드시 고려되어야만 하는 사항은 시간을 잘 활용하는 것이다. 언론에 소개된 기업의 면접 방식 중 '엘리베이터 면접'이라고 해서 매우 짧은 제한된 시간에 자신의 의견 또는 주장을 면접관에게 효과적으로 전달할 수 있는 능력을 평가하는 방식의 면접이 있다.

이를 일반적인 토론과 연계하여 생각해 본다면 주제에 대한 찬성 및 반대자는 자신의 입장을 제한된 시간 또는 순서에 따라 효율적으로 전달할 수 있어야 한다. 자신이 지지하는 입장에 대한 충분한 지식을 가지고 있더라도 시간을 효율적으로 활용하지 못한다면 내용 전달에 한계가 있을 수밖에 없다. 그런 까닭에 말하기에서는 반드시 시간을 고려하여야 한다. 자신에게 주어진 시간을 확인하고 또 확인하라.

나의 경우 시간적 제약 등을 고려하여 핵심내용을 먼저 말한다. 전달하고자 하는 내용이 무엇인지, 오늘 어떤 내용을 들어야 하는지를 먼저 소개한다. 그리고 주어진 시간을 활용하여 그것의 이유를 순차적으로 소개하고 설명한다. 만일 이 과정에서 시간의 제약이 있다면 소개할 이유 중 하나를 생략하는 것이다. 그리고 시간적 여유가 있다면 처음에 소개했던 핵심내용을 다시 한 번 강조하는 것이다.

이달영(2009)은 『영원한 사회부장 오소백』을 통해 "트루먼 대통령은 대통령 자리에서 물러나던 날, 그의 고향 인디펜던스로 돌아가기 위해 백악관에서 정거장까지 걸어가거나 택시로 가겠다고 보좌관들에게 말했다. 그가 백악관에서 마지막 한 일은 빌렸던 만년필을 주인에게 돌려주는 일이었다. '나는 백악관에 우연히 들른 것이다. 내가 뭔가 뛰어난 특별한 사람이라고 생각해 본 적이 한 번도 없었다. 내가 누구라는 걸 잊지 않았고 내가 어디로 돌아가야 한다는 걸 늘 명심하고 있었다. 백악관의 모든 것은 미국민의 것이며, 다만 내가 잠시 동안 사용할 특권을 부여받았을 뿐이다. 이 특권 가운데는 대통령 권한도 포함된다. 나는 이 모든 걸 조심스럽게 사용했으며 다음 대통령에게 제 모습 그대로 전해주려고 많은 애를 써왔다.' 트루먼의 소박한 소신이다. 트루먼은 부인과 함께 고향으로 내려갔다. 고향 사람들은 예전과 조금도 변하지 않은 트루먼 내외를 보고 머리를 숙였다. 트루먼이 돌아간 집은 북 텔라웨어 거리에 있는 옛날 그대로의 낡은 집이었다. 그는 이 집을 국민의 세금으로 단장할 생각을 해본 적이 한 번도 없었다. 트루먼의 정직한 마음은 한 자루의 만년필에 담겨 있었다. 그는 대통령으로서 공(公)과 사(私)를 이렇게 가려냈다"고 하였다. 대통령이라는 절대 권력조차도 제한된 임기(시간) 내에서만 유효한 것이다.

신복룡·박현모 외(2010)는 『고려 실용외교의 중심 서희』에서 "이 시대를 사는 한 지식인으로서 가끔 '내가 어떻게 사는 것이 이 시대의 지식인으로서 올바른 길일까?'를 돌아볼 때가 있다. 그럴 때면 영국 빅토리아 시대를 살다간 경제학자로서 케임브리지학파를 창설한 알프레드 마셜(Alfred Marshall, 1842~1924)의 충고를 되뇌어 보곤 한다.

마셜의 말을 빌리면, 한 시대를 살아가는 지식인이 가슴에 담아야 할 것들에는 다음과 같은 4가지가 있다. 첫째, 지식인은 그 시대의 아픔에 대한 우울한 감정(hypochondria)을 가져야 하며, 둘째, 방대한 서적을 읽지 않고서는 후세에 글을 남기지 않으려 하며(unwillingness to commit himself unequivocally in print), 셋째, 게으름에 대한 두려움(fear of indolence and idleness)을 가져야 하며, 넷째, 순수한 쾌락을 거부(rejection of pure pleasure)할 것이다"라고 하였다.

말하기의 시간은 영원하지 않지만 영원한 지식인은 어떤 사람이어야 하는지 한 번쯤 생각해볼 만한 묵직한 느낌의 글이다.

11 | 말한 것이 전부는 아니다

정치인들의 말하기를 접할 때는 반드시 그 이면에 감춰진 뜻을 파악할 수 있어야 한다. 그들은 굉장히 모호한 단어를 사용하여 다의적으로 해석 가능하게 이야기한다. 정치를 계속하겠다는 것인지, 이번에 국회의원에 불출마하겠다는 것인지, 기업으로부터 불법적 정치자금을 받았다는 것인지 애매모호하게 말한다. 이런 말하기 방식은 비단 정치인들만의 문제는 아니다. 어떤 상황이 주어졌을 때 둘 중에 하나를 선택하기 매우 곤란하여 때로는 임기응변으로 상황을 모면해야만 하는 경우가 있다.

예를 들어, 신입사원에게 '김 과장님과 박 과장님 중에 누가 더 모범이 되는 선배 같은가'라는 선택적 질문을 한다면 이는 대답하기 정말 난처하다. 이런 경우 다소 모호하지만 전체적인 맥락(또는 상황)을 살펴 상대방의 말 속에 숨겨진 의미를 파악하여 대답할 수 있어야 한다.

나의 경우 상대방의 말하기를 보다 정확히 이해하기 위해 가능한 범위에서 그의 자연적, 사회적 조건이나 환경 등을 유심히 살펴보거나 오히려 질문을 하여 듣기를 말하기로 전환해 보기도 한다. 가능한 경우라면 범위를 좁혀가는 단계적 질문을 통해 보다 구체적이고, 세부적인 정보를 획득할 수 있기 때문이다. 적당한 질문이 있어야 정확한 답변도 있다.

표창원·유제설(2011)은 『한국의 CSI』에서 "UC버클리의 폴 커크 박사는 1974년 저서에서 이렇게 말했다. '물적 증거는 어디에나 존재하며 위증하지 않는다. 단지 사람이 그것을 보지 못하고 이해하지 못하며 그 가치를 떨어뜨릴 뿐이다'"라고 하였고, 조벽(2010)은 『나는 대한민국의 교사다』에서 "요리의 맛이 값과 일치하지 않듯이 학력(學力)이 학력(學歷)과 일치하지는 않습니다. 대학 졸업장이 취직을 보장해 주는 시대는 사라지고 있습니다. 앞으로 기업은 능력 위주로 사원을 뽑을 것입니다. 전문대를 나왔든, 대학을 나왔든 상관하지 않을 것이라는 얘기입니다. 이런 뜻에서 교육은 학력(學歷=지식 소비력)을 파괴하고, 하력(學力=지식 생산력)을 증진시키는 데에 주력해야 합니다"라고 하였다. 이면에 감춰진 진실을 보듯 숨은 속뜻까지 정확하게 담아내는 말하기를 할 수 있어야 한다.

그리고 정희준(2009)은 『어퍼컷』에서 "마흔아홉의 아까운 나이에 세상을 떠난 그는 자신의 감염 사실을 원망하지도 이에 좌절하지도 않았다. 에이즈와 싸울 때 어느 팬이 편지에서 '왜 신은 그토록 나쁜 질병을 당신에게 줘야만 했을까'라고 물었을 때 그는 이렇게 답한다. 나는(메이저 테니스 대회에서 우승한 최초의 흑인 남성) 내가 우승컵을 들었을 때 '왜 나지(Why me)'라고 절대 묻지 않았다. 마찬가지로 내가 오늘 고통을 당한다 해서 '왜 나야'라고 물어선 안 될 것이다. …… 나의 고통에 대해 '왜 나야'라고 묻는다면 내가 받은 은총에 대해서도 '왜 나야'라고 물어야 한다"라고 하였다.

'왜 나지(Why me)'라는 말 속에 담긴 진실한 의미를 한번 되새겨 보자.

12 | 망설이지 말고 말해보자

　　실수할 수도 있다. 모든 일이 그런 것처럼 때로는 부족하고 어설퍼 보일 수도 있다. 그런 까닭에 두려운 것이다. 그렇지만 망설이지 말고 말해보자. 완벽하게 준비된 상황에서 모든 일들을 맞이할 수는 없다. 때로는 많이 부족하지만 행동으로 옮겨야 할 때가 있다. 말하기는 읽기나 듣기와 비교하여 보다 적극적인 행동이 필요한 분야이다. 읽기에 실수하였다고 크게 꾸짖을 사람은 많지 않다. 또한 듣기가 부족하다고 질책을 당하는 것도 그리 흔하지 않은 경우다. 그러나 말하기에서는 한 번의 실수로 상대방의 마음에 큰 상처를 줄 수도 있다. 그런 까닭에 매우 조심하고, 주의해야 하지만 그렇다고 너무 망설이거나 주저하지 말자.

　개인적 경험으로는 고등학교 시절 시 대표로 나의 주장 발표대회에 참가하게 되면서 수업시간에 다수의 학생들을 대상으로 말하기 연습을 하였다. 처음에는 지도 선생님이 너무나 원망스러웠다. 그 상황이 너무 부끄럽고 창피하였기 때문에 그냥 조용히 혼자 연습하고 싶었던 것이다. 그런데 억지로라도 반복해서 말하기 연습을 하다 보니 그냥 어느 순간에는 수업시작 전 자연스럽게 친구들 앞에서 말하는 것이 익숙해지게 되었다.

　이후 대학생 그리고 직장인이 되어 천 명 이상의 사람들을 대상으로 발표 또는 설명회를 할 기회도 있지만 그리 긴장하거나 부끄럽다는 생각은 하지 않는다. 물론 가끔은 긴장되고 낯설 때도 있지만 오히려 그 속에 '흥미로운 설렘'이 있다고 생각한다.

김은혜(2008)는 『아날로그 성공모드』에서 인도 경전의 말을 인용하며 "저 바다 건너 육지로 가야 하는데 끊어진 물길에 고민하는 물에게 하늘이 이렇게 말했다. '너를 수증기로 만든 뒤 건너편에 비로 내리리라.' 물에 대한 상식과 고정관념은 수증기로의 변신을 예측하기 어렵게 한다"라고 하였다. 말하기에 대한 편견과 고정관념 또한 과감히 버려라. 그리고 망설임 없이 말하라.

김대중(1993)은 『새로운 시작을 위하여』에서 "헤밍웨이의 '노인과 바다'를 읽으며 느꼈던 감동은 지금도 생생하게 살아 있습니다. 노인이 사투를 다해 잡은 거대한 고기를 배 옆에 달고 귀향하는데, 상어떼들이 몰려와 뜯어먹기 시작합니다. 노인은 노를 들어 상어떼와 싸우지만 어쩔 수 없습니다. 항구로 돌아왔을 때, 그 큰 고기는 앙상한 뼈만 남아 있습니다. 그 뼈를 생각하며 인간 승리의 참 의미를 실감했습니다. 무엇을 얻는 것이 중요한 것이 아니라, 어떻게 싸우는가가 더 중요하다는 것을……"이라고 하였다. 말하기에서도 노인과 상어떼의 싸움과 같은 일들이 있을 수 있다. 그러나 그 싸움이 시작되었기에 앙상한 뼈라는 결과물도 있는 것이다.

그리고 가마타 히로키(2011)는 『세계를 움직인 과학의 고전들』에서 스티븐 호킹의 말을 인용하여 "인간은 지극히 평범한 별에 딸린 작은 행성에 사는 제법 진화한 원숭이에 불과하다. 하지만 인간은 우주를 이해한다. 그래서 너무나 특별하다"고 하였다.

이제 걱정만 하지 말고 행동으로 옮겨보자.

쓰기 4

왜 '쓰기'가 필요한가?
쓰기란 무엇인가?
어떻게 쓸까?

왜 '쓰기'가 필요한가?

(한 단계 도약을 준비 중인 3년 차 직장인 A에게)

흔히 백문이불여일견(百聞而不如一見)이라는 말을 한다. 백 번 듣는 것보다 한 번 보는 것이 낫다는 것이다. 그런데 백 번 보는 것보다 직접 한 번 해보는 것이 더 좋다. 지극히 당연한 상식이다. 듣고, 보는 것보다야 내 몸으로 직접 실천하고 행동에 옮겨보는 것이 당연히 좋을 것이다. 그런데 말은 이렇게 하고 머리로는 이해를 하면서 막상 실천에 옮기지는 않는다. 특히나 쓰기에 있어서 더욱 그렇다.

쓰기라고 하면 다소 막연하지만 사실 이메일을 통해 친구에게 안부를 묻고, 직장에서 간단한 업무보고를 하는 것 또한 쓰기다. 그리고 문자메시지를 작성하는 것 또한 광의의 쓰기라 할 수 있다. 수단에 관계없이 어떤 형태로든 자신의 의사를 글로 표현한다면 쓰기의 범주에 포함시킬 수 있다.

그렇다면 쓰기가 왜 중요할까. 자신의 주장, 의견은 말하기를 통해서도 충분히 표현하고 전달할 수 있는데 왜 쓰기가 필요할까. 그 차이는 무엇일까. 생각해보면 간단하다. 말하기는 의사를 직접적으로 전달할 수 있는 대표적 수단이다. 물론 녹음이라는 과정을 거쳐 제3자에게 전달하거나 동영상 형태로 녹화하여 불특정 다수를 대상으로 자신의 의견 또는 주장을 전달할 수도 있다. 하지만 일반적인 말하기는 상대성 및 즉시성을 필요로 한다.

즉, 현장성이 있어야 한다는 것이다. 이와 비교하여 쓰기는 자신이 쓴 글을 상대방에게 현장이라는 특정공간에서 바로 전달하지 않아도 된다. 매우 중요한 계약 등을 처리하는 경우라면 현장에서 상호 간 계약서의 주요사항을 세밀하게 확인하는 등의 처리절차가 있을 수도 있겠지만, 일반적 쓰기는 문자메시지나 이메일을 작성하여 보내는 등 자신의 느낌이나 주장, 의견을 글이라는 수단을 통해 상대방이 없는 곳에서 작성하는 경우가 대부분일 것이다.

이런 이유로 쓰기를 쉽게 생각하는 사람들이 많다. 상대방이 앞에 있지 않으니 보다 편안한 마음으로 자신의 의견, 주장을 정리할 수 있기 때문이다. 그런데 한 가지 주의할 점이 있다. 쓰기는 기록의 형태로 남는다는 점이다. 당신이 보낸 문자 메시지를, 그리고 이메일을 상대방이 삭제하지 않은 채 보관하고 있다면 그것은 기록의 형태로 남게 되고 향후에도 계속적으로 확인 가능하다. 특히 복잡 미묘한 분쟁의 소지가 있는 사안이라면 내용에 따라 오해나 다툼의 소지도 발생가능하다. 그런 까닭에 정확하고, 정제된 쓰기가 필요하다.

조사에 따르면 직장인 10명 가운데 3명은 한 가지 일에만 몰두하여, 신체적·정신적으로 극도의 피로감을 느껴 무기력증, 자기혐오 등에 빠지는 '번아웃증후군'을 겪는 것으로 나타났다. 또한 한국보건사회연구원의 국민 복지인식 조사결과를 보면 우리나라 국민 10명 중 6명은 사회경제적으로 불안하다고 느끼는 것으로 나타났다. 휴가를 떠나도 업무 스트레스에 시달리고 있으며, 직장인 중 절반은 퇴직금을 미리 받아 써버렸다는 기사도 있다.

직장생활이 왜 이렇게 힘들고, 지치는 일이 되었을까. 사람과 사람이 부딪히기 때문이라면, 집에서도 부모님, 배우자, 자녀들과 부딪히고 있는데 왜 유독 직장에서만 그럴까. 그것의 차이는 자신에게 주어진 업무를 지정된 시간과 절차에 따라 합리적으로 처리해야 하기 때문일 것이다. 그 과정에서 최대의 효과 및 성과를 이끌어내어야 한다. 업무를 처리하는 그 순간만큼은 극도의 집중을 필요로 한다. 이러한 집중의 대부분은 문서라는 기록의 형태로 처리되고 결과물로 보관된다.

직장에서 처리하는 문서란 논리적 의사의 전달 및 결정 과정을 위한 보조 수단이라 할 수 있다. 의사 전달 및 결정은 구두로도 가능하다. 심지어 눈짓으로도 계약을 성사시킬 수 있다. 그런데 그것은 기록으로 나타나지 않기에 불확실성을 내포하고 있다. 그래서 공식적인 의사 전달 및 결정 과정은 반드시 문서로 처리되고 보관하는 것이다. 회사의 공식 문서는 쓰기의 결정판이라 할 수 있다. 그런데 쓰기에 대한 체계적인 교육이 이루어지지 않는다. 신입사원 오리엔테이션 기간에 조직의 문서 형태나 양식에 대해 교육을 하는 경우도 일부 있지만 대부분의 경우 형식적 절차에 그친다. 상세하고 구체적으로 실습할 시간적 여유가 없다.

장기적 관점에서 인사가 이루어지는 것이 아니라 단기적 관점에서 우선 인력을 배치하면 해당 부서에서 자체적으로 또는 개인이 다양한 시행착오 과정을 거치면서 역량을 쌓아갈 수밖에 없는 것이다. 그런데 이게 만만치 않다. 대학에서 전공분야 공부를 열심히 했다고, 관련분야 석·박사 학위가 있다고 쓰기가 술술 진행되는 것은 아니다. 관련분야의 책을 백 권 읽었다고 책 한 권을 뚝딱 쓰는 것이 아니다. 머리에서 이해하는 것과 그것을 활자로 표현하는 것에는 분명한 차이가 있다. 말로 상대방을 설득했다고 글로도 상대방을 설득할 수 있는 것은 아니다. 학창시절 국어시간에 100점 만점을 계속 맞았다고 글쓰기도 뛰어날 것이라는 보장은 없다.

쉽게 생각하지 말자. 어려운 것은 어려운 대로 차근차근 풀어가자. 그리고 배워보자. 문자메시지 작성 잘한다고, SNS를 통한 채팅에 익숙하다고, 연애편지 잘 썼다고 조직에서 필요한 쓰기를 잘한다고 할 수 없다. 가끔 후배들이 작성한 문서를 보면 논리적 흐름에서 문제가 있는 경우가 있다. 문제제기는 그럴 듯한데 그것에 대한 현황분석과 대안제시가 약한 경우가 많다. 이 경우 글의 긴장감과 무게감이 떨어진다. 설령 이 부분까지는 괜찮다고 하더라도 실제 그것을 추진해야 한다는 것인지, 실제 추진하게 되는 경우 예상되는 문제는 무엇인지에 대한 추가설명이 부족한 경우도 있다.

일반적인 문서는 '문제제기-현황분석-대안제시-추진계획-소요예산' 이런 전반적 사항들이 글로써 충분히 상대방에게 전달될 수 있어야 한다. 문서를 만들어 놓고 재차 설명하는 것은 사실 불필요한 사항이다. 문서는 글이라는 수단을 통해 상대방에게 말을 하고 있는 것이다. 그렇다면 왜 또다시 말로써 재차 설명해야 하는가. 그것은 시간 낭비다. 그리고 문맥에 맞지 않은 표현, 맞춤법에 어긋나는 단어나 문장, 문서 전체적인 일관성이 부족한 경우도 자주 눈에 띈다. 앞 문장에서는 개조식으로 서술어를 생략한 채 간단하게 썼다가, 바로 뒤 문장에서는 '……했습니다' 형태의 서술형 문장을 쓰는 경우도 있다. 이것은 명확한 의사전달에 있어 방해요인이다.

글쓰기는 효율적이고, 압축적이어야 하며, 가시성이 있어야 한다. 소설이나 수필을 쓰는 경우가 아니라면 자신의 주장과 의견을 최소한의 표현을 사용해 논리적으로 전달할 수 있어야 한다. 그런 까닭에 쓰기도 부단한 연습이 필요한 것이다. 요즘 어느 상사가 빨간펜 선생님처럼 수정이 필요한 문장이나 단어에 밑줄 그어가며 지시하고 수정을 요구하겠는가. 설령 그런 상사가 있다 하더라도 이러한 과정이 반복되면 당신의 퇴근시간은 늦어지고 주변의 따가운 시선 속에 결국 무기력감에 빠져 무능한 사람으로 인식될 것이다. 그러니 능력 있는 사람으로 인정받기 위해서라도 쓰기를 부단히 연습해두자.

개인적 경험을 몇 가지 소개하겠다. 나는 중학생 시절 관심 분야에 대해 자유롭게 써 본 신문사 독자투고로 글쓰기를 시작하였다. 처음에는 자유롭게 써보고 이후 관련 자료를 찾아 수정할 부분은 수정하고 보완할 부분은 보완 과정을 거친다. 이후 신문사에 투고한다. 그럼 끝이다. 몇 차례 이런 과정을 반복하면서 쓰기 연습을 하고 내가 관심 없는 분야도 관련 자료를 찾아가며 글로 정리해 본다.

또 한 가지 방법은 내가 하고 싶은 말을 글로 정리해 보는 것이다. 사실 일반인들이 자신의 의견 또는 주장을 공개적으로 전달하거나 표현할 일은 거의 없다. 그런 까닭에 말이 아닌 글이라는 수단을 통해 내 생각을 정리해 본다. 모든 말을 글로 쓰기에는 한계가 있다. 그런 까닭에 말보다는 글이 짧아지고 반드시 필요한 핵심 문장만 정리되는 것이다. 이 방법은 처음에는 막연하지만 차츰차츰 발전되는 모습을 찾을 수 있다. 때로는 지방의 작은 신문사에 정기적으로 글을 기고해 본다. 왜냐면 전국단위의 주요 신문사보다는 기고내용에 대한 채택률이 높기 때문이다. 해당 신문사에서 내게 관심을 가지고 있느냐는 중요치 않다. 그저 쓰기를 연습하는 과정이라 생각하면 된다. 그리고 분량을 정하고 먼저 관심 있는 분야의 글을 써본다. 일반적인 독자칼럼은 A4용지 한 장 정도를 요구한다. 그럼 거기에 맞추어 써 본다. 그런데 이것 또한 쉬운 게 아니다. 자신의 주장을 글을 통해 논리적으로 전개하기도 쉽지 않는데 형식을 갖추고 분량을 맞추어야 하니 상당량의 시간이 요구된다. 그래도 자신의 글쓰기를 스스로 점검해 보고 연습할 수 있는 꽤 괜찮은 방법이라 생각한다. 그 과정에서 자신의 생각도 자연스럽게 정리된다. 그리고 정교해진다.

마지막 방법은 책을 써보는 것이다. 사실 책이라고 하면 관련분야 전문가들만의 신성한 영역이라고 생각하기 쉽다. 그리고 쓰기에 대한 어려움과 두려움으로 도전조차 생각지 않는다. 그런데 서점에 가보라. 의외로 다양한 분야의 사람들이 책을 썼고, 저자라는 이름을 가지고 있다. 당신이 생각하기에도 당신보다 부족해 보이는 사람도 이미 책의 저자임을 오늘이라도 확인할 수 있다. 그렇다면 책 쓰기는 어떻게 해야 할까. 일단 자신이 쓰고 싶은 분야를 정리해 본다. 그리고 그것을 채울 내용들을 생각해 본다.

예를 들어, 책에 관한 책을 쓰려고 한다면 책을 보관하고 있는 장소인 도서관 탐방기도 좋은 소재가 될 수 있고, 책을 만들고 있는 출판인들에 대한 이야기도 좋은 소재가 될 수 있다. 그리고 책을 정말 사랑하고 아끼는 장서가들의 이야기도 가능하다. 책을 통한 교훈을 전달하는 것, 책과 얽힌 추억을 소개하는 것 등 책이라는 주제에도 쓰기 소재는 무궁무진하다. 청계천 중고서점에서 책을 파는 아저씨를 인터뷰하고 그의 삶을 글로 정리해 보는 것도 가능하지 않겠는가.

생각하기에 따라 소재의 제한도 상상의 한계도 없다. 소재가 정해지면 글로 써 본다. 주제가 정해지고, 소재에 대해 충분히 생각해 두었다면, 크게 단락을 구분하고 세부 소주제별로 핵심단어를 설정해 둔다. 그리고 그 핵심단어에 맞는 조각글을 써 본다. 그 조각글들이 하나둘 쌓여 하나의 장을 형성하고 이러한 몇 개의 장이 모이면 한 권의 책이 된다. 그럼 책의 초안이 완성되는 것이다. 이후 몇 차례 퇴고 과정을 거치면 책 쓰기가 마무리된다. 이후 출판, 인쇄 및 유통 과정은 생략하겠다. 그것은 전문가들의 몫이기 때문이다.

나의 경우 이런 과정을 통해 두 권의 책을 쓴 경험이 있다. 첫 번째 책은 대학 졸업을 기념하며 함께했던 주변 분들께 감사와 고마운 마음을 전할 길을 찾다가 문득 책을 써서 전해야겠다는 생각의 실천이었다. 40여 일 동안 특정 시간을 정해놓고 치열하게 썼다. 처음에는 낯설고 힘들었지만 최종 인쇄된 책을 보았을 땐 벅찬 보람을 느꼈다. 그리고 두 번째 책은 그로부터 4년 후 직장생활을 하면서 썼다. 퇴근 후 무료한 시간을 알차게 보낼 방법을 고민하다 내린 결론이 책 쓰기였다. 역시나 50여 일 정도를 치열하게 썼다. 하지만 첫 번째 책을 쓴 경험이 있었기에 한결 수월하게 진행할 수 있었다.

개인적 경험에 비추어보면 책을 쓴다는 것이 그리 대단한 것은 아니었다. 많은 시간을 투자하지도, 많은 비용을 지출하지도 않았다. 그저 내가 가진 호기심을 글이라는 수단으로 하나하나 채워가다 보니 300여 페이지 책의 형태로 마무리된 것이다. 가장 큰 동기라면 호기심과 치열함이라 하겠다. 두 권의 책은 내 삶에 많은 자극제가 되었다. 삶의 단계를 마무리하고 또 다른 삶의 단계로의 진입을 알리는 이정표 같은 느낌이 강했다. 그리고 책 쓰기 과정에서 '쓰기'에 대한 부담이 한결 가벼워졌다. 그저 담담하게 내 생각을 정리하고 그것을 다시 살피고, 수정하며, 정리하는 과정의 반복이라 생각했다.

나는 앞에서 글쓰기라는 것이 생각만큼 쉽지 않다고 말했다. 그리고 부단한 노력이 필요하다고 말했다. 그런데 정작 나는 그리 어렵지 않게 두 권의 책을 썼다고 말하고 있다. 물론 치열했다. 논리적으로 모순된 것 같기도 하다. 그런데 그게 아니다. 그냥 한번 써보라. 그럼 하나의 단어가 문장이 된다. 몇 개의 문장이 모이면 단락이 되고, 몇 개의 단락이 모이면 한 페이지 분량의 제법 긴 글이 된다. 그게 차곡차곡 모이면 한 권의 책이 된다. 시작은 미미하지만 그것이 당신의 삶을 보다 윤택하게 할 것이다.

세상에는 작지만 의미 있는 변화의 시작이 필요한 시점이 있다. 당신의 글이 그럭저럭 괜찮은 수준이라고 생각되면 좀 더 멋지고 품위 있는 글쓰기를 권한다. 당신의 글이 스스로 생각해도 부족한 단계라면 망설이지 말고 좋은 글을 찾아서 읽고 쓰기를 연습해 보자. 읽다가 좋은 글, 멋진 글이라는 생각이 들면 몇 번이라도 반복해서 써보자. 그럼 당신의 이야기가 시작된다. 다음 문장의 주인공은 당신이기 때문이다.

앞으로 생각보다 많은 순간, 더 많은 기회에서 당신의 쓰기가 절대적으로 필요한 순간이 있을 것이다. 쓰기에 대한 투자와 노력은 당신을 배신하지 않을 것이다. 노력의 대가는 너무도 달콤할 것이다. 그러니 쓰기를 주저하지 말고 시작해보자. 그리고 끈덕지게 매달려 보자. 쓰기에 대한 방법 및 경험은 '쓰기' 부분에서 좀 더 구체적으로 소개하고자 한다.

쓰기란 무엇인가?

[쓰다]

「1」 붓, 펜, 연필과 같이 선을 그을 수 있는 도구로 종이 따위에 획을 그어서 일정한 글자의 모양이 이루어지게 하다

「2」 머릿속의 생각을 종이 혹은 이와 유사한 대상 따위에 글로 나타내다

「3」 원서, 계약서 등과 같은 서류 따위를 작성하거나 일정한 양식을 갖춘 글을 쓰는 작업을 하다

[유의어] 저술하다, 기재하다, 기록하다

[Write]

「1」 (글자·숫자를) 쓰다

「2」 (책·음악 작품 등을) 쓰다, 집필하다, 작성하다

「3」 편지를 쓰다, 편지하다

[述(지을 술)]

「1」 짓다, 글을 지음

「2」 말하다

「3」 행하다

[단어]

「1」 敍述(서술): 어떤 내용(內容)을 차례(次例)로 좇아 말하거나 적음

「2」 記述(기술): ① 문장(文章)으로 적음 ② 사물(事物)의 특질을 객관적(客觀的)·조직적(組織的)·학문적(學文的)으로 적음

「3」 論述(논술): 어떤 사물(事物)을 논(論)하여 말하거나 적음

[고사성어]

「1」 述而不作(술이부작): 성인(聖人)의 말을 술(述)하고(전하고) 자기(自己)의 설(說)을 지어내지 않음

「2」 述者之能(술자지능): 문장(文章)의 잘 되고 못 됨은 그 문장(文章)을 지은 사람의 능력(能力)에 달렸다는 말로 일의 잘 되고 못 되는 것은 그 사람의 수단(手段)이 좋고 나쁜 데에 달렸다는 말

어떻게 쓸까?

01 | 생각나는 대로 써보자

　　쓰기의 시작은 자신의 감정을 형식에 얽매이지 않고 솔직하게 글로 표현해 보는 것이다. 즉, 내용, 형식, 분량 등 모든 것에서 자유로워야 한다. 무엇인가를 머릿속으로 끊임없이 고민하고 있다면 좋은 글쓰기는 될 수 있지만 그것을 자유로운 글쓰기라고는 할 수 없다. 물론 궁극적으로 좋은 글쓰기를 할 수 있는 사람이 되어야 하지만 그 과정은 반드시 자유로운 글쓰기에서 시작해야 한다. 그래야 오래 간다. 처음부터 논리와 형식을 생각하는 글쓰기는 틀에 찍어낸 듯한 무개성의 글이 되기 쉽다. 무엇이든 생각나는 대로 써보자. 그렇게 시작해보자.

　　나의 경우 한 문장 쓰기를 해 본다. 처음에는 머릿속으로 써본다. 그리고 그것을 한 번 두 번 다듬어 본다. 이후 그것을 실제 글로 써본다. 글이라는 것이 생각했던 것을 옮기는 것이지만 그 짧은 과정에서도 다양한 변화가 가능하기 때문이다. 그렇기에 일단 한번 쓰기 시작했다면 그저 생각나는 대로 써보는 것이다. 퇴고는 이후에 생각해도 충분하다.

차인태(2009)는 『흔적』에서 서예가 강암 송성용 선생이 차인표에게 한 말을 인용하여 "시작은 있어도 끝은 없는 게 글이야. 누구나 붓을 잡고 쓸 수는 있지만 1년 쓴 사람이 쓴 것은 1년 글이 되고, 30년 쓴 사람이 쓴 것은 30년 글이 된다는 걸 잊지 말게"라고 하였고, 조용헌(2006)은 『조용헌의 고수기행』을 통해 "인간사가 결국 생각의 크기, 그 상상력에 의해 좌우되는데, 상상력은 해를 바라보고, 달을 바라보고, 별을 바라보는 방외지사의 삶에서 나온다. 건달이 일을 내는 것이다. 한가한 방외지사가 아니면 이런 생각을 어떻게 하겠는가. 결국 상상력이 문제인데, 상상력은 놀아봐야 나온다"라고 하였다. 즉, 얽매이지 말고 자유롭게 상상하는 가운데 일이 이루어진다는 것이다.

그리고 고진현·김인식(2006)은 『리더십』에서 "무사 3루 상황에서 득점할 수 있는 방법은 과연 얼마나 될까. 놀라지 마시라! 내야 땅볼, 안타, 희생플라이, 실책, 폭투, 패스트볼, 스퀴즈플레이, 밀어내기 4구, 보크, 홈스틸, 포수의 타격방해 등 무려 11가지다. 이렇듯 다양한 변수가 작용하는 야구는 예측하기가 점점 힘들어지고 있는 현대사회와 부합하는 측면이 많다"고 하여 제한된 생각의 범위를 넘어서는 다양한 변수들이 상상을 통해 있을 수 있음을 이야기하고 있다.

마지막으로 김경욱(2008)은 『위험한 독서』에서 "반복은 창조의 산파이면서 가장 치명적인 독이죠. 태양 아래 새로운 것이 없다면 태양 너머를 보세요. 이 우주에서 오직 당신만이 쓸 수 있는 이야기가 있을 거예요. 아니에요. 멀리 갈 것 없이 당신 자신에 대해 써보는

건 어때요? 이 우주에 당신이라는 존재는 오직 하나뿐이니까요"라고
하였다.

글쓰기, 지금 당장 시작해보자.

02 | 짧은 글을 잘 써야 한다

문학적 글쓰기에는 다양한 장르가 있으며 일반적으로 시, 소설, 수필, 희곡, 비평 등으로 분류할 수 있다. 그리고 실용적인 글쓰기는 가깝게는 SNS상에서 메시지를 작성하거나, 이메일로 업무를 처리하는 것, 그리고 회사 사장님의 신년 연설문을 작성하는 것까지 일상생활과 관련된 모든 글쓰기를 실용적 글쓰기라 할 수 있다. 이렇게 글쓰기의 종류는 너무나 다양하기에 어느 하나를 잘 쓰는 것만으로 뛰어난 글쓰기 능력이 있다고 하기는 어렵다. 가장 실용적이며 대중적인 방법은 먼저 짧은 글쓰기를 연습해 보는 것이다.

예를 들어, 문자메시지를 보낼 때도 상황에 맞는 정확한 문장을 작성할 수 있어야 한다. 문자메시지를 '기-승-전-결'을 갖추어 쓰는 사람은 없겠지만 그렇다고 상대방에 대한 배려 없이 자신이 하고 싶은 말만 무작정 쓰는 것도 적당하지 않기 때문이다.

나의 경우 이메일을 통한 글쓰기에서 제목을 작성할 때 나만의 형식을 갖춘다. 먼저 제목을 쓸 때는 '참고자료', '검토요청', '알림' 등 성격을 분명히 나타내준다. 그리고 '2014년도 고등교육통계 관련', '8월 7일 부서회식 관련' 등으로 세부내용을 표기한다. 이렇게 하면 (예; 참고자료-2014년도 고등교육통계 관련) 제목만으로도 메일의 내용을 수신자들에게 절반 이상은 표현하여 대응을 보다 용이하게 할 수 있다.

그럼 이제 전문가들의 견해와 사례를 살펴보자. 시는 생각과 사상의 단련을 통한 짧은 글쓰기의 대표적 양식인데, 문순태(1992)는『소설 다산 정약용』에서 "시라는 것은 사상의 표현이다. 사상이 본디 비겁하다면 제아무리 고상한 표현을 하려고 해도 이치에 맞지 않으며 사상이 본디 협애하다면 제아무리 광활한 묘사를 하려 해도 실정에 부합하지 않는다. 그 때문에 시를 쓰려고 할 때는 그 사상부터 단련하지 않으면 똥 무더기 속에서 깨끗한 물을 따라내려는 것과 같아서 일생토록 애를 써도 이룩하지 못할 것이다"고 하였다.

윤진식(2013)은『윤진식의 손길 발길』에서 "나는 선거에 출마하면서, 내가 충주를 위해 할 수 있는 일을 '충주발전 2030플랜'이라는 한마디로 정의했다. 2030에는 다음과 같은 뜻을 담았다. '1. 인구: 20만 명에서 30만 명으로 확대, 2. 세대: 20, 30대의 미래 생활터전 마련, 3. 실천방안: 20대 공약 및 30대 세부과제 추진'"이라고 하여 짧은 메시지 속에 자신의 선거공약을 효율적으로 전달하고자 하였다.

김상봉·김용철 외(2010)는『굿바이 삼성』에서 "성북동 길상사를 방문해 보길 권한다. 길상사는, 시인 백석을 사랑한 고 김영한 님이 평생 모은 재산 1,000억 원을 법정 스님에게 의탁하여 세워진 절이다. 김영한 님은 거액을 기부하면서 이렇게 말했다. '내가 모은 재산은 백석 시인이 남긴 시 한 구절의 가치도 없다'"고 하여 백석의 짧은 시 한 구절의 엄청난 가치를 이야기하고 있다.

03 | 맞춤법과 의미에 맞는 정확한 글을 쓰자

짧은 문장이 되었건, 긴 문장이 되었건 하나의 문장을 완성하는 과정에서 반드시 명사, 대명사, 동사, 형용사, 관형사, 수사, 부사, 조사, 감탄사의 '국어의 9품사'를 정확히 기능, 의미, 형태에 맞게 활용할 수 있어야 한다. 전체적으로 매우 논리적이고 유려한 문장으로 작성된 글에서 의미가 전혀 다른 단어가 잘못 사용된 것을 확인하게 된다면 그 글의 가치는 떨어지게 된다.

예를 들어, 입사지원서를 확인하는 면접관이라면 곳곳에 오타가 있거나 문법에 맞지 않는 문장들이 구석구석 눈에 띄는 지원자에 대한 호기심은 그리 크지 않을 것이다. 때로는 톡톡 튀는 글이 매력적일 수 있다. 그러나 맞춤법에 맞는 정확한 글을 쓸 수 있다는 전제가 있을 때 그 매력이 보다 커 보인다. 무엇이든 정석을 먼저 알고 이후 그것을 자유자재로 변형할 수 있어야 한다.

역사드라마를 보면 '종묘사직'이라는 단어가 자주 나온다. 그렇지만 그 의미를 정확히 알고 있는가. 그저 '왕실과 나라를 통틀어 이르는 말' 정도로 이해하고 있는지, 아니면 '종묘(宗廟)'와 '사직(社稷)'으로 구분하여 정확한 의미를 알고 있는지 한 번쯤 스스로에게 물어볼 일이다.

나의 경우 특히나 참고자료를 활용할 때에는 자료의 출처 또는 기초자료에 대한 반복적인 검증을 한다. 통계는 자료의 특성상 이용자들이 필요한 부분만 강조하여 전체적인 통계를 왜곡하는 경우가 있을 수 있기 때문이다. 그리고 번역된 자료의 경우는 가능하다면 원문을 확인해 본다. 이 또한 주관이 개입되어 자료의 의미를 오역하는 경우, 필요한 부분만 발췌하여 번역하는 경우가 있을 수 있기 때문이다.

배상복(2009)은 『일반인을 위한 글쓰기 정석』에서 "'참석'은 비교적 작은 규모의 모임이나 회의에 함께해 자리를 차지하는 것이다. 행사/대회 등 규모가 큰 것에는 '참가'가 어울린다. '참여'는 '현실참여', '경영참여' 등에서처럼 어떤 일에 끼어들어 관계하는 것으로, 추상적인 형태의 활동까지 포함한다"라고 하였는데, 이처럼 비슷해 보이지만 서로 저마다 명확한 뜻을 지닌 것이 바로 우리말이다.

비슷한 좋은 예로 염창환(2010)은 『한국인, 죽기 전에 꼭 해야 할 17가지』를 통해 "신이 인간의 언어를 만들 때 아내를 잃은 남편은 '홀아비'라 정했고, 남편을 잃은 아내는 '과부'라 정했으며, 부모를 잃은 자식은 '고아'라고 정했으나, 자식을 잃은 부모는 그 아픔이 너무 커서 부를 마땅한 호칭이 없었다고 한다"라고 하였다.

그리고 이윤기(2013)는 『조르바를 춤추게 하는 글쓰기』에서 "영어 '스케일(Scale)'은 여러 의미로 쓰이는 단어다. 정치가가 쓰면 '생각의 규모' 정도가 되겠지만 어물 시장 장사꾼이 쓰면 '비늘', 지리학자가 쓰면 '축척', 치과의사가 쓰면 '이똥', 보일러공이 쓰면 '물때'가 된다. 문제는 문맥이다"라고 하였다. 마지막으로 함께 나누고픈 글이 있다.

호암재단(2010)의 『호암상 20년』에서는 토지의 저자 박경리의 수상 소감을 인용하여 "작가는 얼굴이 필요 없습니다. 작품을 내놓으면 그걸로 끝이에요. 작품에 모든 것이 들어 있고 그것을 독자는 읽어주는 것으로 족합니다. 작가가 이러쿵저러쿵 많은 말을 하는 것은 자신의 작품이 미진하다는 것을 스스로 증명하는 것과 다름없습니다"라고 하였다.

자신의 생각과 의도를 가장 잘 표현할 수 있는 정확한 글쓰기가 필요함을 이야기하고 있다.

섬세한 글쓰기에 재미를 붙여라

섬세하고 치밀한 글이 주는 흡인력이 있다. 일반적으로 책을 처음 접하게 되면 작가 특유의 문체가 눈에 들어온다. 어떤 작가들은 묘사를 지나치고 장황하게 해서 글의 전개가 너무나 더디게 진행되어 지루함을 주는 경우도 있다. 하지만 장황한 것과 섬세한 것은 분명히 다르다.

바람에 흩날리는 꽃잎을 묘사하는 경우에도 단순히 '바람이 불어 꽃잎이 휘날린다'라고 하면 좀 밋밋한 맛없는 글이 된다. '바람이 불면 꽃잎이 흩날린다'는 문장은 누구나 상상하고 표현 가능한 문장이기 때문이다. 예를 들어, 이런 문장은 어떤가. '바람이 간다. 꽃잎이 따른다.' 조금은 다른 맛이 난다. 글에는 저자만의 개성 있는 독특한 맛과 리듬이 있어야 한다. 유사한 의미를 가진 단어를 자유자재로 활용한 다음의 문장들 또한 독특한 매력이 있다. '어떠한 경우에도 예단하거나 예측하지 마라', '엄정하고, 공정하며, 냉정하게 판단하여 결정하라.'

나의 경우 독특한 맛과 느낌이 있는 문장을 메모해 두고 그것을 적당히 쓸 수 있는 기회를 엿보거나 그와 유사한 어감으로 글을 반복해서 써본다. 가장 최근에 메모해둔 문장은 "가장 중요한 과제는 권위 있고 객관적이며 시의성 있는 정보와 연구결과를 입법과 정책으로 이어지도록 하는 것"이라는 어느 인터뷰 인용문이다.

전여옥(2006)은 『폭풍전야 1』에서 "기자였던 작가 김훈 씨는 기자를 '스파이'라고 정의했다. 즉, 스파이처럼 사회 곳곳에 들어가 밀실정치의 치부를 수술칼로 헤집어 드러내고, 언론의 사명감으로 수술하고, 그래서 더 투명한 사회를 만드는 것. 아마도 모든 기자들이 꿈꾸는 일이라고 나는 믿는다. 그래서 우리는 언론의 비판기능을 높이 평가한다"라고 하였다. 글쓰기도 '스파이'와 같은 비밀스러움 속에 목표를 향한 사명감이 섬세하게 나타나야 한다.

양정무(2013)는 『그림값의 비밀』에서 "1994년, 마이크로소프트사의 빌 게이츠(William H. Gates) 회장은 비싼 값을 치르고 메모로 가득 찬 노트 한 권을 구매한다. 지금도 그가 소장하고 있는 이 노트는 '코덱스 레스터(Codex Leicester)'라고 알려진 레오나르도 다 빈치의 작업노트다. (중략) 고작 72페이지짜리 얇은 노트 한 권을 손에 넣기 위해 그가 지불한 돈은 모두 3,000만 달러(한화 약 330억 원)였다. 아무리 천재의 원형이라고 알려진 르네상스 대가가 남긴 것이라고 하지만 A4 한 장의 메모지가 10억 원 이상의 값어치를 가지고 있다니 놀라울 따름이다"라고 하였다.

그리고 이창곤(2010)은 『진보와 보수 미래를 논하다』에서 "'시야는 포괄적으로 갖되 행동은 매우 구체적으로 해야 한다'는 점을 강조하고 싶다. 좋은 권력구조를 찾는 것은 매우 중요하고 현실적 과제이긴 하나, 현재의 시점에서는 그 누구도 다수의 동의를 구할 수 있는 완결적 대안을 제시하기는 불가능한 조건이다. 따라서 거시적 권력구조의 문제로 바로 접근하면 답이 안 나오는 논쟁에 휘말리게 되어 정치개혁 논의의 본질이 훼손되고 권력투쟁의 수단으로 변질될 가능성이 크다는 것이다. 그런데 중범위적 수준에서 권력구조의 중요한 몇 가지 문제들에 대한 개선 방법은 비교적 선명한 것도 사실이다. 결국 구체적이고 단계적으로 접근해나가는 관점이 중요하다는 것이다"라고 하였다.

치밀하게 관찰하여 구체적으로 써보자.

05 | 나 스스로 설득이 되는 글을 쓰자

　　글을 쓰다 보면 반복해서 계속 읽게 된다. 물론 한 호흡에 길게 쭉 쓰는 경우도 있지만 대부분의 경우는 글을 쓰면서 읽고 또 읽으며 단어를 고치고 또 고치는 것이다. 그렇게 수정을 거듭해가며 문장의 흐름을 정리하여 바로잡는 것이다. 자신이 의도하는 바를 가장 잘 표현하는 단어, 문장을 찾아가는 것이다. 눈으로 읽으면서 손으로 쓰기 때문에 자신이 쓴 글은 자신이 가장 먼저 읽게 되는, 즉 첫 독자가 된다. 이런 까닭에 글을 읽으면서 스스로 이해가 되고 설득이 되는 글을 써야 한다. 그래야 독자들도 편안한 마음으로 받아들일 수 있다.

　나의 경우 먼저 의미가 모호한 단어는 수정하고 설득이 되지 않은 문장은 삭제한다. 그리고 그것을 대체할 만한 내용으로 논리의 뼈대를 바로잡아 본다. 이렇게 조금씩 모호한 내용들을 간결하고, 분명하게 정리하며 스스로 설득이 되는 글인지 물어본다. 그리고 그것에 대한 확신이 들면 글쓰기를 마무리한다.

　이동조(2005)는 『펜으로 세상을 움직여라』에서 오연호가 추구하는 기자정신을 소개하며 "현장취재를 바탕으로, 탄탄한 논리로, 우리가 어디로 가야 하는가를, 장기적으로 제시하는"이라고 하였고, 김훈의 기자철학을 소개하며 "자기검열은 이념이나 지향성에 의한 통제행위가 아니라 우선은 사실과 의견을, 존재와 가치를 구별하는 통제행위다. 이것은 쉬운 일이 아니다. 이것은 아마도 불가능한 일은 아니겠지만 거의 불가능 쪽에 가까운 일이다. 사실이 갖는 층위는 다양하고 복잡하다. 사실은 그것을 관찰하고 전달하는 자의 주관 속에서 재편성되고 재해석되며 의미를 부여받거나 의미를 박탈당한다. 사실이 객관적이고 의견이 주관적이기에 앞서서 사실을 만지고 거기에 다가가는 인간의 시선이 이미 주관적이다. 단순한 교통사고나 화재사건, 살인사건조차도 그 전후 맥락과 의미 내용을 완전무결하게 객관적으로 전달할 수는 없다. 나는 사실 앞에서 식은땀을 흘리고 의견 앞에서 식은땀을 흘린다. 사실과 의견은 적대적이다"라고 하였다.

또한 김성수 외(2013)는 『과학기술의 상상력과 소통의 글쓰기』에서 "콜하스는 스스로 '내 머릿속에서 나는 건축가 못지않게 작가이다'라고 말한다. 건축가가 만들어내는 공간은 단순히 물리적인 장소(place)의 의미를 넘어 인간 혹은 주변 환경과 교감하는 구체적인 공간(space)으로서의 의미를 지닌다. 건축은 조형예술의 한 분야이기 이전에 궁극적으로 사람의 삶을 조직하고 그 사회가 지향하는 방향성을 구체화하여 보여준다. 따라서 공간의 창출은 비단 건축가나 도시 전문가들의 전유물이라기보다는 인문, 사회과학과의 긴밀한 소통 속에서 이루어져야 한다"라고 하였다. 건축가 또한 건축이라는 수단을 통해 타인과 소통하고 그를 설득하는 것이다.

마지막으로 탁현민(2010)은 『상상력에 권력을』에서 "길을 잃었다는 것은 두 가지 의미를 갖는다. 어떻게 해서 여기까지 왔는지 잊었다는 사실과, 어떻게 해야 새로운 방향을 찾아갈 수 있는지 모른다는 것이다. 지나간 과거는 몰라도 된다고 말하는 사람들도 더러 있다. 하지만 인간의 문화란 결국 이미 지나온 곳을 향해 다시 가는 것이다. 어찌하여 여기까지 왔는지 모른다면 결코 새 길을 찾을 수 없다'라고 하였다.

글쓰기가 완성된 이후 그것은 하나의 길이 되어야 한다. 독자가 저자를 찾아갈 수 있는 단 하나의 길.

쓰기에 '순간' 미쳐보자

이른 새벽 나만의 글쓰기를 시작해보자. 아니면 휴가를 이용해 조용한 휴양림에서 편안한 마음으로 글을 써보자. 글을 쓴다고 하니 거창한 것 같지만 그냥 그동안 고마웠던 사람들에게 편지를 써보는 것도 좋다. 그도 아니면 신문을 펼쳐놓고 최근에 쟁점이 된 현안에 대해 관련 기사들을 읽어보고 그에 대한 자신의 생각을 써보자. 글을 쓰다 보면 관련분야의 지식이 부족함을 느낄 수도 있다. 그러면 인터넷을 이용해 추가 자료를 다양한 관점에서 찾아보는 것이다. 그때 글이 조금씩 써진다.

나의 경우 책을 읽고 그 내용을 정리하는 정도에서 글쓰기의 감을 일정수준 유지하고, 글이 너무나 쓰고 싶어질 때까지 또는 반드시 써야만 하는 데드라인 직전까지 실제 쓰기는 미루어 둔다. 마침내 더 이상 미룰 수 없는 데드라인이라 생각되면 머릿속을 가득 채운 내용들을 쏟아내듯 노트북 자판을 마구 두드린다.

송숙희(2010)는 『당신의 글에 투자하라』에서 "한 기자가 헤밍웨이에게 물었다. '당신 작품의 언어들은 정말로 간결합니다. 그 비결은 무엇인가요?' 그러자 헤밍웨이는 '때론 굶어서 배에서 꼬르륵 소리가 날 때 글을 씁니다. 때로는 발꿈치를 들고 서서 글을 씁니다. 때로는 한겨울에 홑껍데기 옷 하나를 입고 추위에 벌벌 떨면서 글을 쓰기도 합니다. 이런 어려운 상황들은 내가 쓸데없는 문장들을 버리고 간결한 문장을 쓰게 만듭니다'"라고 답했다고 한다.

또한 신미식(2010)은 『사진에 미친놈, 신미식』에서 "사진도 주제를 가지고 깊이 생각하면서 찍어야 한다. 카메라만 메고 무작정 나가서는 안 된다. 만일 의자를 찍으려고 정했다면 처음에는 의자만 보일 것이다. 그러다가 시간이 지나면 돌이 보인다. 또 자전거의 안장과 길거리의 박스도 의자로 보인다. 아이를 앉혀놓은 엄마의 무릎도 눈에 들어온다. 다양한 의자들이 보이기 시작하는 것이다. 결국 진짜 자신의 마음속에 있는 것을 찍을 수 있다. 자신의 철학이 생기는 것이다"라고 하였다. 사진가의 경우 작품의 주제가 정해지면 모든 것이 하나의 사물로 인식되어 순간에 집중하는 것이다.

그리고 조용헌(2006)은 『조용헌 살롱』에서 "글쓰기란 쉬운 게 아니다. 자기가 생각한 것을 반만이라도 말로 표현할 수 있으면 그 사람은 웅변가이고, 자기 말의 반만이라도 글로 표현할 수 있으면 문장가라고 생각한다. 말은 교육과 훈련을 받지 않아도 잘할 수 있다. 학력이 없어도 말 잘하는 사람은 주변에 많다. 그렇지만 글쓰기는 다르다. 집중적인 훈련이 있어야만 가능하다고 생각한다"라고 하였다.

07 | 주장하는 바가 명확한 글을 쓰자

말하기에서도 그렇지만 글쓰기에서도 자신이 표현하고자 하는 바를 에둘러 표현하는 경우가 있다. 일반적으로 설명 또는 설득을 위한 글쓰기에서는 '서론-본론-결론'의 틀을 활용하는 경우가 많다. 여기서 '일반적'이라는 표현을 쓴 것은 주장하는 바를 명확히 전달하는 대표적 방법 중 하나이기 때문이다. 때로는 서론에서 결론으로 바로 전환해 상대방에게 효율적으로 주장하는 바를 전달할 수도 있다. 그러나 대부분의 사람들이 익숙하게 받아들이는 체계가 있다면 그것을 적극적으로 활용하는 것이 가장 좋은 방법이다.

나의 경우 업무적 글쓰기, 즉 문서 작성 시 앞에서 언급한 대로 '문제제기-현황분석-대안도출-소요예산-향후일정'의 5단 구성으로 글을 전개한다. 이러한 기본 틀의 범위에서 상황에 따라 소요예산 부분을 생략하기도 하고, 향후일정 부분을 생략하기도 한다. 또한 자료의 수준에 따라서 한 장짜리 요약보고를 하는 경우도 있고, 열 장 이상의 분석보고서가 되기도 한다. 주장하는 바가 명확한 글을 쓰기 위해서는 기본틀이 탄탄한 가운데 논리적 전개가 이루어져야 한다.

오가와 요코(2004)는 『박사가 사랑한 수식』을 통해 "그렇지. 그게 직선이야. 자네는 직선의 정의를 정확하게 이해하고 있군. 그러나 한번 생각해보라고. 자네가 그은 직선에는 시작과 끝이 있어. 그렇다면 두 개의 점을 최단거리로 이은 선분인 셈이지. 원래 직선의 정의에는 끝이 없어. 한없이 뻗어 나가는 선이지. 하지만 한 장의 종이에 그리기에는 한계가 있고, 자네의 체력에도 한계가 있으니까, 일단 선분을 직선이라고 이해하고 있는 거야. 그리고 아무리 날카로운 칼로 꼼꼼하게 끝을 갈아도, 연필심에는 굵기가 있어. 따라서 여기 있는 직선에는 너비가 있어. 즉, 넓이가 생기는 거야. 그러니까 결과적으로 실제 종이에 진정한 의미의 직선을 그리기란 불가능하다는 얘기야"라고 하였고, "왼쪽 끝의 눈금은 0이야. 자는 0에서 시작되지. 재고 싶은 것의 끝에다 0을 맞추면 자동적으로 길이를 알 수 있어. 그런데 만약 이 자가 1에서 시작된다면, 일이 성가시게 되지. 지금 우리가 마음 놓고 이 자를 쓸 수 있는 것도, 0이 있기 때문이야"라고 하였다. 글쓰기에도 명확한 약속이 필요하다.

김민주(2008)는 『커져라 상상력 강해져라 마케팅』을 통해 "장애인을 'disabled'라고 하지 않고 'disAbled'라고 썼다. '불가능하다(disabled)'는 의미 대신 '장애인도 할 수 있다(Abled)'는 것을 강조한 것이다. 대문자와 소문자의 차이를 잘 활용한 것이다"라고 하였다. 장애인에 대한 '가능성'을 분명히 표현한 글쓰기를 선택한 것이다.

그리고 강준만(1999)은 『한국의 언론인 1』에서 "나는 사실을 살펴보는 데서 그치지 말고 그 속의 진실까지 꿰뚫어 보라고 후배들에게 충고하곤 한다. '견(見) 하면 기자가 아냐. 관(觀)해야지'"라고 하였다.

08 퇴고의 즐거움을 누리자

일단 쓴다. 그리고 계속해서 고쳐 쓴다. 이것이 글쓰기의 매력이다. 아침에 쓴 글을 저녁에 보면 느낌이 다르다. 분명 완벽하게 썼다고 생각했는 데도 고치고 싶은 곳은 있다. 그리고 열심히 고쳐 쓴 후 다음날 아침에 보면 또 느낌이 다르다. 이걸 단점이라고 생각하는 사람도 있지만 이는 글쓰기에서 퇴고의 즐거움을 모르는 사람이다. 글쓰기가 가진 묘한 매력은 퇴고를 하면서 자신만의 독특한 느낌을 조금씩 만들어 가는 것이다. 단어 하나를 바꿈으로써 글 전체의 느낌과 어감이 완전히 달라질 수도 있는 것이다. 그것을 경험하면 퇴고의 즐거움을 알게 된다.

나의 경우 일단은 한 호흡에 글을 쓴다. 그리고 다음날 이른 아침 또는 늦은 저녁에 다시 한 번 전체적으로 살펴본다. 이후 필요한 부분을 수정하거나 보완하게 된다. 그대로 둔 채 며칠이 지나 다시 한 번 읽어본다. 그리고 마지막으로 수정해본다. 보통의 경우 세 번까지는 퇴고의 과정을 거친다. 그 이상은 욕심이다. 한 가지 주의할 점은 계속해서 고친다고 그것이 반드시 좋은 글이 된다는 보장은 없다는 사실이다.

안경환(2009)은 『조영래 평전』에서 "소설의 첫 단어, 첫 문장은 작자와 독자가 처음으로 만나는 장소다. 그 시작은 책을 작동시키고 그 이야기의 진로를 손가락질해 보이면서 서술을 인도하고 심지어

책의 내용을 요약하거나 결말을 앞질러 암시하기도 한다. 소설을 여는 열쇠로서의 첫 단어, 소설의 문지방인 첫 문장은 침묵에서 언어로, 무에서 존재로 건너가는 첫걸음이다"라고 하였다.

또한 김태광(2013)은 『10년 차 직장인, 사표 대신 책을 써라』에서 "사실 첫 문장 쓰기는 나를 비롯한 전문작가를 비롯한 초보 저자들 모두에게 힘든 과정이다. 오죽했으면 미국의 동화 작가 E. B 화이트가 이런 말을 했을까? '위대한 글쓰기는 존재하지 않는다. 오직 위대한 고쳐 쓰기만 존재할 뿐이다'"라고 하였다.

그리고 김혜리(2008)는 『그녀에게 말하다』에서 "권투선수들을 앞에서 보면 팔이 되게 가늘어요. 대부분 그런 선수들은 스트레이트를 주 무기로 하는 선수들이에요. 한편 훅을 주로 사용하는 선수들은 이두박근 삼두박근이 발달해 있죠. 글쓰기의 성분과 재능도 그렇다고 생각해요. 누구나 주 무기가 있고 습관이 있죠. 그런데 한국식 교육은 이른바 전인교육을 목표로 항상 부족한 걸 지적하고 끌어올리려 하잖아요. 글 써서 발표하면 부족한 부분들을 지적하죠"라고 하였다.

반드시 이유 있는 글을 쓰자

자유롭게 쓰되 그 또한 목적이 분명해야 한다. 그저 자유롭게 자신의 감정을 표현하는 것이 목적이라면 그냥 자유롭게 쓰면 된다. 그렇지만 상대방에게 특정 사안에 대한 전문적 지식을 전달하고자 한다면, 특히나 상대방은 관련분야의 지식이 전혀 없는 경우라면 매우 치밀한 글쓰기를 해야 한다. 적절한 비유를 사용해서 상대방이 전체적인 내용을 이해할 수 있도록 해야 하는 것이다. 예를 들어, 연애편지를 쓰는 경우라면 연인이 좋아하는 단어 또는 표현을 중간 중간 적절히 사용하는 것도 좋다. 아무래도 자신에게 친근하다면 이해도도 높아질 것이기 때문이다.

나의 경우 먼저 글쓰기의 이유 또는 목적을 분명히 한다. 그에 따라 글쓰기의 분량, 내용, 어감 등 전체적인 방향 설정이 필요하기 때문이다. 그것이 명료하지 않은 상태에서는 글쓰기 자체가 무의미한 경우가 대부분이다. 글을 왜 써야 하는가에 대한 이유만 분명하다면 글쓰기의 절반은 마무리한 것이다. 먼저 그것을 분명히 하는 것이 필요하다.

김혜리(2010)는 『진심의 탐닉』을 통해 물리학자 정재승 교수의 말을 인용하며 "상대방에게 영향을 주는 글을 쓰고 싶은 게 핵심이에요. 정보를 주는 글이 아니라 통찰력을 주는 글, 읽고 난 사람들이 '어, 그렇구나' 하는 게 아니라 '오, 그렇구나!'라고 탄성을 내는 글을 쓰고 싶어요. 중요하게 여기는 건 적절한 인용과 비유, 예제예요"라고 하였다.

그리고 데버러 L. 로드(2011)는『대학이 말해주지 않는 그들만의 진실』을 통해 "좋은 학문은 학문적 글쓰기에 가치를 두고 학자들로 하여금 그것에 뛰어들도록 권장하는 문화에서 탄생한다. 그에 따라 나쁜 학문도 당연히 탄생하는데, 이는 불가피한 일이다. 좋은 학문만 생산하는 시스템은 어디에도 없다. 나쁜 학문을 배제하는 대학 문화는 좋은 학문의 씨앗이 자라날 수 있는 모판을 제공하지 못할 것이다"라고 하였다.

또한 진중권(2013)은『진중권의 미학 에세이』에서 "『예술비평의 탄생』(1915)을 쓴 알베르트 드레스드너(Albert Dresdner, 1866~1934)에 따르면, 비평에는 크게 세 가지 요건이 있다. 첫째, 작품의 특성에 관한 기술(description)을 담아야 하고, 둘째, 미적 가치에 대한 평가(evaluation)를 포함해야 한다. 흥미로운 것은 셋째 요건, 즉 비평문 자체도 문학적 형식을 갖추어야 한다는 주문이다. 한마디로 근대 이후에 평론은 그 자체가 하나의 문학적 장르로 존재해왔다. 고로 평론가가 '생산에 기생'한다는 말은 무식한 소리다. 평론가 역시 에세이를 생산한다"라고 하였다.

10 | 목표를 정하고 글을 쓰자

'데드라인(Deadline)'은 신문이나 잡지의 기자들이 반드시 원고를 마감해야 하는 시간이나 날짜를 의미한다. 전문적으로 글을 쓰게 되면 지정된 시간 또는 날짜가 반드시 있다. 그래야 글쓰기 후 편집 등의 과정을 거쳐 기사화되거나 출판이 가능하기 때문이다. 그런데 비전문가들이 글을 쓰는 경우 다소 시간의 관념이 부족한 것이 사실이다. 글을 쓰다 보면 잘 써지는 날도 있고 그렇지 않은 날도 있게 마련이다. 또 이런저런 약속들이 생기기도 하는 등 예상치 못했던 상황 변화가 있을 수 있다.

그러나 글쓰기에도 분명한 목표가 필요하다. 지금 글쓰기를 시작했다면 목표시간 또는 마감날짜를 정하고 치열하게 전력을 다해야 한다. 그런 까닭에 평상시 관심 있는 분야의 자료들을 주제별로 분류하여 보관해 두어야 한다. 좋은 글을 많이 쓸 수 있는 재능이란 별다른 것이 아니다. 평상시 차곡차곡 준비해 두는 것이다. 그래야 필요한 순간 꺼내어 쓸 수 있다.

나의 경우 글쓰기를 집짓기에 비유해 본다. 가장 중요한 것은 집을 왜 지어야 하는지에 대한 목적 또는 철학이다. 그 목적과 철학에 맞게 적당한 장소와 합리적 가격으로 전체적인 설계가 이루어져야 한다. 이후 설계에 부합하는 재료를 찾아 내구성도 뛰어나고 외관상으로도 아름다운 집을 실제 지어야 한다. 마지막에는 완성된 집으로 사람들을 초대해 보기도 한다. 그리고 가끔은 살면서 불편한 점을 부분적으로 수리하기도 한다. 글쓰기의 과정도 이와 유사하지 않을까 생각한다.

김수린(2008)은 『청춘을 찍는 뉴요커』에서 "어느 순간부터 나에게 '꿈'이라는 단어는 그 의미가 불명확하고, 비구체적이며, 여성적이라는 이유로 '목표'라던가, '하고 싶은 일'이라는 말로 대체했지만 여전히 '꿈'이라는 단어만큼 순수하게 본연의 의미를 그대로 전달하는 말은 없다고 믿는다. '목표'가 아닌 '꿈'이란 마치 동화 같은 무형의 실체이므로 그것을 추구하는 데에는 항상 혼란이 따른다"라고 하였다.

그리고 이재희(2010)는 『한 권으로 끝내는 기획 & 프레젠테이션』에서 "기획을 한자로 쓰면 '企劃'이다. 이를 분석해 보자. 먼저 기(企)는 사람(人)과 멈추다(止)의 합성어임을 알 수 있다. 또 획(劃)은 그림(畵)과 칼(刀)의 합성어이다. 이를 바탕으로 기획이라는 단어를 해석하면 '사람이 멈춰 서서 깊은 생각을 한 후에, 생각의 결과를 그림으로 그린 후 결단을 내리고 실행한다'는 의미를 가진다"라고 하였다. 마찬가지로 글쓰기에도 정확하게 계산된 기획이 필요하다.

또한 양정무(2013)는 『그림값의 비밀』에서 스티브 잡스의 발언을 인용하며 "창조적인 방식으로, 예술가로 살려면 뒤를 너무 자주 돌아보지 말아야 한다. 당신이 한 일, 당신이 어떤 사람인지를 기꺼이 받아들이고 또 이것들을 던져버릴 수도 있어야 한다"고 하였다.

글을 쓰기 시작했다면 산을 오르듯 시간을 정해놓고 목표를 달성할 때까지 계속 써 보는 거다. 그것이 1차 목표가 되고, 글쓰기의 완성이 2차 목표가 되는 것이다.

11 | 쓴 것이 전부는 아니다

글쓰기로 모든 것이 가능하다면 얼마나 좋을까. 조선 시대 사관들이 아무리 자세하게 당시 상황을 기록하였더라도 이 역시 간접경험일 뿐이다. 당시 왕이 어떤 느낌과 감정이었는지 간접적으로 관찰한 것을 기록하였을 뿐이다. 이런 까닭에 글쓰기에는 분명한 한계가 있다. 예를 들어, 사물을 치밀하고 자세하게 묘사한 글을 읽으면서 놀라고 감탄할 수도 있지만 그것이 아주 예외적인 상황에서 발생한 우연한 현상을 일회적으로 관찰하고 묘사한 것일 수도 있다는 것이다. 그렇지만 작가가 그것을 반복적으로 보지 못한 채 그것이 전부이고 일상적인 것처럼 묘사한다면 독자들은 전혀 엉뚱하게 이해할 수밖에 없다.

나의 경우 글에 대한 신뢰가 다른 무엇보다 큰 편이지만 그래도 그것은 한계가 있음을 분명히 한다. 전체적인 맥락에서 중요하지 않은 문장이나 단락이 너무 강조된 것은 아닌지, 표현의 오기로 인해 문장의 의미를 오해할 개연성이 있지는 않은지 등을 살피기도 한다. 완벽한 문장은 없다. 하나의 단어 또는 문장으로 완벽하게 표현되는 것은 없다. '사랑'이라는 단어가 실제 사랑하는 감정을 완벽하게 표현한다고 생각지는 않는다. 그저 적당한 수단 중 하나일 뿐이다.

강금실(2007)은 『서른의 당신에게』에서 "글을 쓰는 능력은 인간 지성의 작은 부분에 지나지 않는다. 최고의 문장이 최고의 지성을 드러내는 것도 아니고, 서툰 문장이 덜 익은 지성을 고스란히 증명하는 것도 아니다. 글의 됨됨이는 그 글의 필자가 지닌 지성의 편린만을 보여주게 마련이다. 글쓰기는 지성의 영역인 것만큼이나(또는 그 이상으로) 기술의 영역이다. 다시 말해 직업적 문필가는 지식인인 동시에 기술자다"라고 하였다.

기획이노베이터그룹(2007)은 『한국의 기획자들』에서 "기획은 모래성이다. 모래성은 어차피 허물어지게 마련이다. 따라서 시간이 지나면 새로운 모래성을 쌓아야 한다. 하지만 지금의 모래성은 지금 현재를 위해 보여줘야 하기 때문에 존재한다"고 하였다. 글쓰기도 마찬가지로 탄탄해야 한다.

또한 지윤정(2010)은 『10년 차 선배가 5년 차 후배에게』에서 "1920년 중국 내전 때 강의 수심이 평균 1.4m라는 정보만 믿고 강을 건너던 사람들은 큰 희생을 치렀다. 내내 50cm 수심이었지만 2m가 넘는 두서너 곳 때문에 난리가 난 것이다. '평균' 수심보다 '최고' 수심이 더 중요하다. 60도 찜질방과 10도 얼음방을 왔다 갔다 한 사람이 '평균' 35도에 있었다고 얘기하지 않는다"고 하였다.

12| 망설이지 말고 써보자

그동안 읽고, 듣고, 말했던 것을 떠올리며 글을 써보자. 그럼 처음에는 다소 막연하다. 무엇부터 써야 할지 아무것도 떠오르지 않을 수 있다. 그럼에도 첫 문장을 시작해 보자. 내 개인적 경험을 이야기하면 아무것도 떠오르지 않을 때는 유명인의 글 중에 강렬한 느낌이 있어 메모해 두었던 글을 가끔 활용한다. 그럼 첫 문장을 쓰는 것에 대한 부담이 한결 가벼워진다. 이제 첫 문장은 시작되었으니 그와 관련된 이야기를 자연스럽게 써 보는 것이다. 그렇게 글쓰기를 시작하면 분량이 조금씩 늘어나 제법 글의 형식을 갖추게 되고 이를 바탕으로 전체적인 글을 구성한 후 퇴고의 과정을 거쳐 하나의 글을 완성하게 되는 것이다.

그냥 부담 없이 쓴다. 편지글, 웅변글, 자기소개서, 일간지 독자의견, 칼럼, 수필, 행사 인사말, 아이디어 공모, 논문 공모 등 종류에 관계없이 써 본다. 공모전의 경우 수상하지 못하더라도 전혀 관심이 없었던 분야의 지식을 확장할 수 있는 기회였다고 생각하면 그만이다.

이지상 외(2009)는 『슈퍼라이터』에서 "'우선 써라. 글은 머리로 쓰는 게 아니라 가슴으로 쓰는 것이고, 가슴을 두근거리게 하는 것은 손가락이다.' 실제로 쓰면서 나는 체험했다. 손가락으로 자판을 치다 보면 손가락의 열기가 가슴으로 전달되고, 또 머리도 자극한다. 이 과정은 점점 가열되면서 활발해지는데, 그때 가슴과 뇌 세포 속에 간직된 여행과 삶의 경험, 열정들이 튀어나오기 시작한다. 그때 그 흐름을 따라가면 된다"라고 하였다.

또한 이종훈(2007)은 『의대를 꿈꾸는 대한민국의 천재들』에서 "늦깎이 의대생 중 가장 유명한 사람은 슈바이처다. 그는 '자신만의 행복을 위해 살아서는 안 된다. 서른 살까지는 학문과 예술을 위해 살고, 그 이후엔 인류를 위해서 살자'라고 결심한 후, 서른이 되는 해 철학박사, 신학박사라는 타이틀을 버리고 아프리카 의료 선교사로 떠날 준비를 했다. 그것을 위한 첫걸음은 바로 의대 입학이었다"라고 하였는데 글쓰기에도 이런 망설임 없는 열정과 도전, 실행이 필요하다.

마지막으로 스기무라 다로 외(2009)는 『하버드 케네디스쿨』에서 "존스 교수는 마지막 수업에서 자신의 체험을 털어놓았다. 곤란한 상황을 극복하고 기사를 쓴 경험이었다. '다른 사람의 평가와는 상관없이 언제나 최선을 다하라. 최선을 다한 후의 만족감은 무엇으로도 대신할 수 없다. 여러분 모두가 이런 순간을 경험하기 바란다'"라고 하였다.

글쓰기에도 참고할 만한 내용들이다.

'사바사바(さばさば)'라는 단어를 보면 궁금하기도 하고, 신기하기도 하다. 그리고 언제부터, 누가, 어떤 이유로 쓰게 되었는지 호기심이 생긴다. 알 듯 말 듯한 그 느낌이 싫어 사전을 찾아보고, 인터넷으로 검색해 가장 충실한 자료를 몇 차례 읽어본다. 그럼 그때서야 그 단어가 가진 고유한 의미를 이해하게 된다. 그간 잘못 사용했던 부분도 있고, 그 의미에 너무나 충실했던 부분도 있다. 관련 문헌에 따르면 옛날 일본에서는 관청에 청탁하러 갈 때 고등어를 몇 마리 들고 갔다고 한다. 고등어를 일본어로 '사바'라고 하는데 여기서 유래된 말이 '사바사바'란 은어라고 한다. 이런 까닭에 '사바사바한다'라는 말은 뇌물을 주고 이익을 얻어낸다는 뜻이 숨어 있는 것이다.

이렇게 호기심을 확장하기 시작하면 무엇이 되었건 그것은 풍성해진다. 그리고 풍성해진다는 것은 여유가 있음을 나타내기도 한다. 이 책을 쓰게 된 것도 어찌 보면 작은 호기심에서 시작된 것이다. 그것을 끊임없이 채워나가는 과정에서 풍성해진 것들을 중간 중간 정리한 것이 자연스레 한 권의 책으로 만들어졌다. 짧은 기간이지만 열심히 했다. 그리고 부족하지만 여기까지다. 당연히 미흡한 부분이 많을 것이다. 부족한 부분은 앞으로 채워갈 것이며, 동시에 새로운 영역을 끊임없이 만들어 갈 것이다. 가능한 넓고, 깊으면서, 탄탄하게.

마지막으로 모든 이들이 고맙고 감사하다. 부족한 책을 여기까지 읽어준 이들, 그리고 다양한 이유로 이런저런 연(緣)을 맺고 있는 이들, 거기에 글로 담을 수 없을 만큼 사랑하고 존경하는 부모님(임종만·유춘발), 누나(임미경·임은경), 형(임현서)과 애정 가득한 관심으로 항상 응원해준 장인장모님(안승관·천성희), 처남(안영주) 또한. 진짜 마지막은 '안정란', '임태율'이라는 이름으로 항상 옆에 있어준 아내와 아들에게 고맙고 감사한 마음을 반복해서 전하며 글을 맺으련다. 소박하지만 따뜻한 사람이 되기를 약속하며……

PART 1. 읽기

1. 시간을 정하지 말고 '지금' 읽어라

사이토 다카시, 독서력, 웅진지식하우스, 2009.
김병완, 48분 기적의 독서법, 미다스북스, 2011.
김운하, 카프카의 서재, 한권의책, 2013.

2. 손에 잡히는 대로 '많이' 읽어라

김종훈, 우리는 천국으로 출근한다, 21세기북스, 2010.
문효·이소영, 치심治心, 마음 다스리기, 왕의서재, 2010.
전국학교도서관담당교사 서울모임, 북미 학교도서관을 가다, (주)우리교육, 2012.

3. 작가가 선택한 단어와 문장을 꼭꼭 씹어 읽어라

김선욱, 틈새 독서, 북포스, 2008.
마쓰오카 세이고, 다독술이 답이다, 추수밭, 2010.
전병용, 교과서에 나오는 세계의 명화(세잔), (주)한국헤밍웨이.

4. 때와 장소에 맞게 다양하게 읽어라

김수미, 그해 봄 나는 중이 되고 싶었다, 중앙M&B, 2003.
니시무라 아키라, 직장인의 6가지 독서 습관, 더난출판, 2004.
김종석, 청년을 위한 퇴계 평전, 한국국학진흥원, 2006.

5. 독자이자 작가가 되어라

최정태, 지상의 위대한 도서관, 한길사, 2011.
안수찬, 기자, 그 매력적인 이름을 갖다, 인물과사상사, 2006.
김홍식, 행복한 1등, 독서의 기적, 서해문집, 2011.

6. 읽는 것과 동시에 이미지를 그려라

김현예, 책 읽는 CEO, 비즈니스북스, 2010.
구본준 · 김미영, 서른살 직장인, 책읽기를 배우다, (주)위즈덤하우스, 2009.

7. 문단마다 핵심문장을 찾아라

김은섭, 질문을 던져라 책이 답한다, 교보문고, 2010.
정만조 외, 도산서원과 지식의 탄생, (주)글항아리, 2012.
지윤정, 10년 차 선배가 5년 차 후배에게, 타임비즈, 2010.

8. 읽지 못할 이유와 장소는 없다

국립중앙도서관, 제1회 대학(원)생 도서관 선진화 현상공모 수상 논문집, 2009.
황근식, 정상을 향하는 젊은이들, 둥지, 1991.
김도윤 · 제갈현열, 날개가 없다, 그래서 뛰는 거다, 쌤앤파커스, 2012.

9. 목적에 맞게 읽어라

한정원, 지식인의 서재, (주)행성비, 2011.
김무곤, 종이책 읽기를 권함, 더숲, 2011.
신성석, 성공한 리더는 독서가다, (주)에이지21, 2007.

10. 얻고자 하는 바를 정하고 읽어라

구자균 외, 마음의 눈으로 세상 읽기, 한국경제신문, 2010.
유진 엮음, 대한민국 대통령 그들은 누구인가, 프리윌출판사, 2012.
신영복, 여럿이 함께 숲으로 가는 길, 서울대학교출판문화원, 2010.

11. 읽은 것이 전부는 아니다

한정원, 지식인의 서재, (주)행성비, 2011.
김규항·지승호, 가장 왼쪽에서 가장 아래쪽까지, (주)알마, 2010.
김인중, 안산 동산고 이야기, 두란노, 2010.

12. 일단 멈추고 읽어보자

신상훈, 유머가 이긴다, 쌤앤파커스, 2010.
윤정은, 하이힐 신고 독서하기, 애플북스, 2009.

PART 2. 듣기

1. 일단 귀를 열어라

기동민 외, 그런 사람 없어요 기동민, 페이퍼로드, 2010.
최지안, 여자의 발견, M&K, 2006.
정희준, 어퍼컷, 미지북스, 2009.

2. 세상만사 귀 기울여라

천정배·차병직, 여기가 로도스다, 여기서 춤추어라, (주)도서출판 강, 2007.
케빈 리, 마케팅 성공사례 상식사전, 길벗, 2010.
EBS <최고의 교수> 제작팀, 최고의 교수, 예담, 2010.

3. 흘려들을 이야기는 없다

이지훈, 혼·창·통 당신은 이 셋을 가졌는가?, (주)쌤앤파커스, 2010.
이고운영, 진심, 마음을 다하라, 더숲, 2009.
최경원, 디자인 읽는 CEO, 21세기북스, 2010.

4. 점쟁이처럼 예측해 보아라

다치바나 다카시 외, 읽기의 힘, 듣기의 힘, 열대림, 2007.
김도윤·제갈현열, 날개가 없다, 그래서 뛰는 거다, 쌤앤파커스, 2012.

이계경, 세상을 바꾸는 신나는 리더, 여성신문사, 2007.

5. 퍼즐조각을 맞춰라

고승덕, 포기하지 않으면 불가능은 없다, 개미들출판사, 2004.
김헌식, 복종하며 지배하라, 연암사, 2009.
박태현, 팀으로 일하라, 시그마북스, 2012.

6. 메모하며 들어보자

나승연, 나승연의 프리젠테이션, 21세기북스, 2012.
고도원, 잠깐 멈춤, (주)해냄출판사, 2010.
박성후, 포커스 씽킹, 경향미디어, 2010.

7. 머릿속 형광펜을 들어라

로버트 루트번스타인 · 미셸 루트번스타인, 생각의 탄생, 에코의 서재, 2007.
박칼린, 그냥, 달, 2010.
지윤정, 10년 차 선배가 5년 차 후배에게, 타임비즈, 2010.

8. 적극적으로 들어보자

시사저널 엮음, 2012 대선, 누가 한국을 이끌 것인가, 시사저널사, 2012.
이보연, CEO가 갖추어야 할 조건, 하나북스, 2009.
이상돈, 조용한 혁명, 뷰스, 2011.

9. 선택적으로 들어보자

천정배 · 차병직, 여기가 로도스다, 여기서 춤추어라, (주)도서출판 강, 2007.
강준만, 인물과 사상 16, 개마고원, 2000.
지승호, PD수첩, 진실의 목격자들, (주)미래엔 컬처그룹, 2010.

10. 듣기에도 목표가 필요하다

박정원, 박코치 기적의 영어학습법, 21세기북스, 2008.
EBS <최고의 교수> 제작팀, 최고의 교수, 예담, 2010.
신수정, 보안으로 혁신하라, 엘컴퍼니, 2013.

11. 들은 것이 전부는 아니다

한승헌, 한 변호사의 고백과 증언, 한겨레출판(주), 2009.
박승희 외, 50년 금단의 선을 걸어서 넘다, 호미, 2009.
이동조, 펜으로 세상을 움직여라, 답게, 2005.

12. 일단 멈추고 들어보자

고도원, 잠깐 멈춤, (주)해냄출판사, 2010.
전범석, 나는 서있다, (주)위즈덤하우스, 2009.

PART 3. 말하기

1. 내가 최고의 대화상대다

유홍준 외, 우리 시대의 장인정신을 말하다, (재)아름지기, 2010.
강신장, 오리진이 되라, 쌤앤파커스, 2010.
김은주, 1cm+, 허밍버드, 2014.

2. 편안한 상대에게 말해보자

이원용, 세계를 움직인 12인의 천재들, (주)을유문화사, 1996.
셸 린, 오바마처럼 말하라, 지코사이언스, 2008.
이주향, 내 가슴에 달이 들어, (주)문예당, 2002.
김민주, 커져라 상상력 강해져라 마케팅, (주)웅진씽크빅, 2008.

3. 계산하며 논리적으로 말하라

오준호, 소크라테스처럼 읽어라, 미지북스, 2012.
이화여자대학교 WISE거점센터 엮음, 누가 뭐래도 우리는 간다, 학이시습, 2010.
남호기, 박수, (주)피그마리온, 2012.

4. 눈앞에 펼쳐내듯 말하라

맹찬형, 따뜻한 경쟁, 서해문집, 2012.

성석제, 인간적이다, 하늘연못, 2010.
지윤정, 10년 차 선배가 5년 차 후배에게, 타임비즈, 2010.

5. 참석자와 장소를 고려하라

선우후락 공저, 고래를 잡는 120가지 이야기, (주)도서출판 다솔, 2005.
이영혜, 건축만담, 디자인하우스, 2013.

6. 강약을 조절하며 말해보자

혜민, 젊은 날의 깨달음, 클리어마인드, 2010.
김종석, 청년을 위한 퇴계 평전, 한국국학진흥원, 2006.
가마타 히로키, 세계를 움직인 과학의 고전들, 부키, 2011.

7. 핵심을 콕 집어 말하라

최윤영, 최윤영의 마음에 집짓기, 자유로운 상상, 2003.
이충렬 외, 세상의 끝에서 세상을 말하다, 21세기북스, 2013.
정진홍, 완벽에의 충동, 21세기북스, 2007.

8. 열 번 연습하고 한 번 말하라

윤철호, 인문의 스펙을 타고 가라, (주)사회평론, 2010.
지승호, 열정, 바른지식, 2008.
이주형, 그래도 당신이 맞다, (株)해냄출판사, 2010.
엘렌 피네, 로댕, (주)시공사, 1999.

9. 말해야 하는 이유를 생각하라

맹찬형, 따뜻한 경쟁, 서해문집, 2012.
우치다 타츠루, 하류지향, 민들레, 2013.
김애리, 20대, 꿈의 다이어리, 더난출판, 2009.

10. 말할 수 있는 시간은 영원하지 않다

이달영, 영원한 사회부장 오소백, (주)한국신문홍보, 2009.
신복룡·박현모 외, 고려 실용외교의 중심 서희, 서해문집, 2010.

11. 말한 것이 전부는 아니다

표창원·유제설, 한국의 CSI, 북라이프, 2011.

조벽, 나는 대한민국의 교사다, (주)해냄출판사, 2010.

정희준, 어퍼컷, 미지북스, 2009.

12. 망설이지 말고 말해보자

김은혜, 아날로그 성공모드, 임프린트코리아(주), 2008.

김대중, 새로운 시작을 위하여, 김영사, 1993.

가마타 히로키, 세계를 움직인 과학의 고전들, 부키, 2011.

PART 4. 쓰기

1. 생각나는 대로 써보자

차인태, 흔적, (주)FKI미디어, 2009.

조용헌, 조용헌의 고수기행, 랜덤하우스코리아(주), 2006.

고진현, 김인식 리더십, 채움, 2006.

김경욱, 위험한 독서, (주)문학동네, 2008.

2. 짧은 글을 잘 써야 한다

문순태, 소설 다산 정약용, 큰산, 1992.

윤진식, 윤진식의 손길 발길, 춘추기획(주), 2013.

김상봉·김용철 외, 굿바이 삼성, 꾸리에 북스, 2010.

3. 맞춤법과 의미에 맞는 정확한 글을 쓰자

배상복, 일반인을 위한 글쓰기 정석, 경향미디어, 2009.

염창환, 한국인, 죽기 전에 꼭 해야 할 17가지, 21세기북스, 2010.

이윤기, 조르바를 춤추게 하는 글쓰기, (주)웅진씽크빅, 2013.

호암재단, 호암상 20년, 중앙문화, 2010.

4. 섬세한 글쓰기에 재미를 붙여라

전여옥, 폭풍전야 1, 랜덤하우스코리아(주), 2006.
양정무, 그림값의 비밀, 매경출판(주), 2013.
이창곤, 진보와 보수 미래를 논하다, 밈, 2010.

5. 나 스스로 설득이 되는 글을 쓰자

이동조, 펜으로 세상을 움직여라, 답게, 2005.
김성수 외, 과학기술의 상상력과 소통의 글쓰기, 박이정, 2013.
탁현민, 상상력에 권력을, 더난출판, 2010.

6. 쓰기에 '순간' 미쳐보자

송숙희, 당신의 글에 투자하라, (주)웅진씽크빅, 2010.
신미식, 사진에 미친놈, 신미식, 비전과리더십, 2010.
조용헌, 조용헌 살롱, 랜덤하우스, 2006.

7. 주장하는 바가 명확한 글을 쓰자

오가와 요코, 박사가 사랑한 수식, 이레, 2004.
김민주, 커져라 상상력 강해져라 마케팅, (주)웅진씽크빅, 2008.
강준만, 한국의 언론인 1, 인물과사상사, 1999.

8. 퇴고의 즐거움을 누리자

안경환, 조영래 평전, (주)도서출판 강, 2009.
김태광, 10년 차 직장인, 사표 대신 책을 써라, 위닝북스, 2013.
김혜리, 그녀에게 말하다, 씨네이십일(주), 2008.

9. 반드시 이유 있는 글을 쓰자

김혜리, 진심의 탐닉, 씨네21(주), 2010.
데버러 L. 로드, 대학이 말해주지 않는 그들만의 진실, (주)알마, 2011.
진중권, 진중권의 미학 에세이, 한겨레출판(주), 2013.

10. 목표를 정하고 글을 쓰자

김수린, 청춘을 찍는 뉴요커, (주)위즈덤하우스, 2008.
이재희, 한 권으로 끝내는 기획 & 프레젠테이션, 케이앤제이, 2010.
양정무, 그림값의 비밀, 매경출판(주), 2013.

11. 쓴 것이 전부는 아니다

강금실, 서른의 당신에게, 웅진지식하우스, 2007.
기획이노베이터그룹, 한국의 기획자들, 토네이도, 2007.
지윤정, 10년 차 선배가 5년 차 후배에게, 타임비즈, 2010.

12. 망설이지 말고 써보자

이지상 외, 슈퍼라이터, (주)시공사, 2009.
이종훈, 의대를 꿈꾸는 대한민국의 천재들, (주)한언, 2007.
스기무라 다로 외, 하버드 케네디스쿨, (주)에이지이십일, 2009.

독서
사락

초판인쇄 2014년 12월 31일
초판발행 2014년 12월 31일

지은이   임석재
펴낸이   채종준
펴낸곳   한국학술정보㈜
주소   경기도 파주시 회동길 230(문발동)
전화   031) 908-3181(대표)
팩스   031) 908-3189
홈페이지   http://ebook.kstudy.com
전자우편   출판사업부 publish@kstudy.com
등록   제일산-115호(2000. 6. 19)

ISBN   978-89-268-6755-6 03710